la
Revolución
mexicana

POR LA SUPERACIÓN DEL SER HUMANO Y SUS INSTITUCIONES

la Revolución mexicana

compendio histórico político militar

Luis Garfias M.

PANORAMA EDITORIAL

LA REVOLUCION MEXICANA

Portada:
Dibujo: Heraclio Ramírez

Dibujos:
José Narro

Fotografías:
Centro Regional Hidalgo
I.N.H.A.

Primera edición: 1991
Séptima reimpresión: 2001
© Panorama Editorial, S.A. de C.V.
Manuel Ma. Contreras 45-B
Col. San Rafael 06470 - México, D.F.

Tels.: 55-35-93-48 • 55-92-20-19
Fax: 55-35-92-02 • 55-35-12-17
e-mail: panorama@iserve.net.mx
http://www.panoramaed.com.mx

Printed in Mexico
Impreso en México
ISBN 968-38-0268-0

Indice

1

Antecedentes inmediatos políticos, socioeconómicos y militares de la Revolución de 1910 contra el gobierno del general Porfirio Díaz. Antecedentes liberales. Entrevista Díaz-Creelman y sus consecuencias. *La Sucesión Presidencial* de Francisco I. Madero. La lucha política de 1910.

El aspecto que presentaba la ciudad de México a fines de 1910 no podía ser más optimista. Se acababa de celebrar con gran esplendor el Centenario de la Independencia. Los países que tenían relaciones con México enviaron a dicha celebración embajadores y ministros plenipotenciarios. Vinieron grandes personalidades, entre ellas el representante personal del rey de España, Alfonso XIII, Marqués Camilo de Polavieja, quien trajo el uniforme del generalísimo Morelos para entregarlo al gobierno mexicano. Vinieron también los señores Curtiss Guild, embajador especial de los Estados Unidos de América; Carl Buenz, embajador especial de Alemania. Los embajadores de China, señor Chan Tin Fang; el mayor general Enrique Loynaz, de Cuba; el señor Paul Lefebre, de Francia y muchas otras personas que contribuyeron a darle un realce inusitado a las fiestas del Centenario. El anciano general Díaz, vivía por esas fechas su máximo esplendor. México era un país respetado por las grandes potencias; su crédito era bueno, y se apreciaba, en términos generales, prosperidad y paz aparentes.

Las inauguraciones de monumentos a personalidades extranjeras eran espectáculos frecuentes en ese año de 1910. Así, el excelentísimo señor ministro de Francia, Paul Lefebre, acompañado por el almirante De Castries, estuvo presente en la colocación de la primera piedra de una estatua en honor del sabio químico Pasteur, la cual había sido obsequiada a México por la colonia francesa radicada en el país. La colonia americana hizo algo semejante y obsequió a México una estatua de George Washington, en una ceremonia presidida por el Presidente Díaz, en compañía de los señores embajadores Guild y Wilson. Por su parte, el embajador alemán Buenz, inauguró solemnemente el monumento a Humboldt. Con tales ceremonias se creía que México marchaba por el camino del progreso. Pero atrás de todo aquello, se vivía una realidad muy diferente. El pueblo mexicano, el verdadero pueblo que vivía alejado de ese falso oropel, ya estaba cansado de aquellos largos años, que si bien habían traído paz, ésta se había logrado mediante el costo de grandes injusticias sociales. La prolongada permanencia del general Díaz en la presidencia había cansado al país, el cual deseaba una verdadera democracia.

El problema más grave era el agrario. La mayor parte de los campesinos no eran dueños de la tierra, pues existían enormes latifundios en poder de unas cuantas familias. En ese año de 1910, en que la población total de México era de 15,160.269 habitantes, había en la República 830 hacendados; 410,345 agricultores y 3,123.975 jornaleros del campo que trabajaban en 8,431 haciendas y 48,433 ranchos. Las cifras indican que el 80% de la población dependía del salario rural, siendo éste de 18 a 25 centavos diarios, cantidad que apenas permitía mal comer; la dieta diaria, en efecto, consistía en tortillas, chile, frijoles y pulque (bebida fermentada obtenida del aguamiel del maguey). Los precios de los alimentos básicos eran de 13 centavos el kilo de arroz y de 10 el de frijol.

Los peones trabajaban en enormes haciendas, donde los amos casi nunca estaban, pues dividían su tiempo y su ocio entre la capital y Europa. Esa enorme masa de campesinos desprotegidos, vivía en humildes casas de adobe, carentes de los más elementales servicios de sanidad, con muebles de lo más primitivo, que compartían con su mujer y una prole numerosa.

En las haciendas existían las famosas "tiendas de raya", en donde, bajo un sistema de crédito, se les pagaba a los peones el salario con mercancía, es decir, con frijol, maíz, jabón, manta y aguardiente. Debido a lo elevado de los precios y al mísero jornal, el campesino normalmente estaba endeudado de por vida. A esto se aunaba el hecho de que el sistema de trabajo de la tierra no era moderno, pues los dueños de las haciendas no se preocupaban por introducir nuevos procedimientos, lo cual agotaba la tierra. Por ello, la crisis agrícola se manifestó por el año de 1910, cuando se tuvo que importar maíz por valor de 27 millones de pesos, además de 94 millones gastados en otros granos.

A principios del presente siglo, se había iniciado en México la explotación petrolera, otorgándose concesiones a extranjeros para la explotación. La Standard Oil, "El Aguila", la Royal Dutch Shell, fueron algunas de las compañías más importantes establecidas en el país. Esto provocó que, aunque tardíamente, México entrara a la gran transformación industrial que vivía el mundo desde principios del siglo XIX. Los inversionistas extranjeros, protegidos del gobierno del general Díaz, comenzaron a fundar industrias y a explotar las materias primas; esto trajo como consecuencia la necesidad de crear un vasto sistema ferroviario. La minería, que durante siglos había estado en manos de españoles y algunos mexicanos, también sufrió importantes transformaciones con la ayuda de capital extranjero. La industria textil que estaba en manos de españoles, fue modernizada incrementándose el cultivo del algodón.

En 1910 existían 146 fábricas que producían 43,370,012 pesos y ocupaban a 32,229 obreros. Esto trajo un aparente auge financiero, y así, en el año citado, había 32 bancos federales, con un capital pagado de 172,665,400 pesos y con fondos de reserva por 61,461,425 pesos.

Esa crítica situación se agudizó, como ya habíamos dicho, en la primera década del siglo. Sin embargo, el gobierno parecía ciego y sordo al clamor popular; no se daba cuenta de que se estaba gestando una revolución que iba a traer grandes transformaciones sociales. El movimiento obrero, consciente de la situación, comenzó a agitarse a partir de 1906; los ideólogos Lázaro Gutiérrez de Lara, Sarabia, Ricardo Flores Magón y otros, exigían derechos para la clase obrera a través del periódico "Regeneración". También en el año de 1906 ocurrieron en México dos huelgas que fueron brutalmente reprimidas. La primera ocurrió en Cananea, Sonora, donde los mineros, disgustados por las condiciones vejatorias en que vivían, se declararon en huelga para mejorar sus vidas. La otra se realizó siete meses después en el gran centro textil de Río Blanco, Veracruz. Pero ambas fueron aplastadas por la fuerza militar. En la huelga de Cananea, sus líderes, Manuel M. Diéguez y Esteban Baca Calderón fueron apresados; en la de Río Blanco, Rafael Moreno y Manuel Juárez, presidente y secretario del "Círculo de Obreros Libres" fueron fusilados contra la pared de la tienda de raya de Río Blanco.

Durante la década de 1900 a 1910, la inversión extranjera había llegado a los 1,700 millones de dólares (38% americana, 29% inglesa y 27% francesa). A pesar de que, como hemos mencionado, ya existía un importante núcleo obrero, el país era agrícola por excelencia; el 70% de la población vivía en el campo. Estas circunstancias fueron llevando poco a poco a una crisis, un desequilibrio, que por supuesto, perjudicaba a las clases más pobres.

En suma, había 11 millones de campesinos, 195,000 obreros y 500,000 artesanos. Los obreros, que constituían un proletariado incipiente, estaban concentrados en las grandes ciudades como la capital, Monterrey, Puebla, Guadalajara, Veracruz.

Otro elemento muy importante de la sociedad porfiriana de aquellos años, era el ejército, que había sufrido una gran transformación. El antiguo, formado por viejos generales que habían combatido contra la Intervención Francesa (1861-1867) y el llamado Segundo Imperio de Maximiliano (1863-1867) iba cediendo paso a la formación de un ejército nuevo, en el cual tuvo una influencia determinante el Colegio Militar de Chapultepec. Militares destacados fueron enviados a Europa, principalmente a Francia, a estudiar los adelantos más modernos. De entre ellos baste señalar a los artilleros Manuel Mondragón y Felipe Angeles. El armamento se modernizó, adquiriéndose artillería, fusiles y barcos de guerra, de las principales potencias europeas. Sin embargo, la tropa continuaba siendo un problema; el sistema de reclutamiento era el conocido como "leva", o sea, el reclutamiento forzoso. Los jefes políticos de los pueblos cumplían una cuota enviando campesinos forzados o delincuentes comunes a las unidades del ejército. Al inicio de la Revolución el Colegio Militar egresaba oficiales técnicos de alta calidad, pero todavía no en número suficiente, y el Alto Mando del Ejército aún estaba en manos de viejos generales amigos del Presidente. Existía también el temido Cuerpo de Rurales, que era una policía encargada de mantener la paz en el campo casi siempre con métodos brutales.

La situación política de México comenzó a agitarse con motivo de la sexta reelección como presidente del general Porfirio Díaz. Dos años antes, el general Díaz había concedido al periodista norteamericano James Creelman, del "Pearsons Magazine", una entrevista, considerada por aquellos años como sensacional.

*El Presidente
Francisco I. Madero.
Apóstol de la
Democracia.
Asesinado durante la
"Decena Trágica".*

*El Lic. José María
Pino Suárez.
Vicepresidente
de la República,
asesinado durante la
"Decena Trágica".*

En ella, el anciano estadista había hablado de la democracia, de su reelección, de la madurez política del pueblo mexicano, de las inversiones extranjeras y de muchos otros tópicos importantes.

Dicha entrevista se celebró el 18 de febrero de 1908, en el Castillo de Chapultepec, residencia oficial de los Presidentes de México en aquella época. En la entrevista, el general Díaz expresó consideraciones como las siguientes:

"He esperado con paciencia el día en que el pueblo mexicano estuviera preparado para seleccionar y cambiar su gobierno en cada elección sin peligro de revoluciones armadas y sin estorbar el progreso del país. Creo que ese día ha llegado."

Más adelante, refiriéndose a la oposición, dijo: "Yo veré con gusto un partido de oposición en la República Mexicana, si se forma lo veré como una bendición, no como un mal. Y si puede desarrollar poder, no para explotar, sino para gobernar, lo sostendré, aconsejaré y me olvidaré de mí mismo, para inaugurar con éxito completo un gobierno democrático en la República.

"Me basta con haber visto a México surgir entre las naciones útiles y pacíficas. No tengo deseo de continuar en la presidencia. Esta nación está lista para su vida definitiva de libertad. A la edad de setenta y siete años, estoy satisfecho con tener buena salud.

"Por mí, puedo decirlo con toda sinceridad, el ya largo periodo de la Presidencia no ha corrompido mis ideales políticos, sino antes bien, ha logrado convencerme más y más de que la democracia es el único principio de gobierno justo y verdadero, aunque en la práctica es sólo posible para los pueblos ya desarrollados."

Estas consideraciones causaron gran revuelo en México y dieron ímpetus a los enemigos políticos del gobierno. Se formaron clubes antirreeleccionistas en toda la República y comenzaron a aparecer líderes e intelectuales que opinaban sobre el futuro de México.

A fines de ese año de 1908, apareció en San Pedro de las Colonias, Coahuila, un libro que iba a influir poderosamente en los hechos que narramos; llevaba el título de *La sucesión presidencial en 1910* y como subtítulo *El Partido Nacional Democrático;* su autor era un rico hacendado coahuilense, don Francisco I. Madero. La obra analizaba la situación política de México, y en ella Madero mostraba su apasionada creencia en la democracia, como el sistema de gobierno necesario para México. El libro era desde luego, una crítica al gobierno de Díaz, aunque en forma mesurada. Esta obra tuvo una gran influencia en la gente que pensaba, puesto que era la primera vez que se planteaba la necesidad de crear un Partido Demócrata.

Como consecuencia de las declaraciones del presidente Díaz al periodista Creelman, y de la aparición del libro de Madero, comenzaron a surgir varios partidos políticos. Unos apoyaban al viejo dictador; otros a la nueva fórmula electoral, Díaz, presidente; Ramón Corral, vicepresidente, y otros, mostraban una franca oposición a todo lo que oliera al actual régimen.

Para la lucha política que debía cumplirse en 1910, el Partido Democrático comenzó a hacer una activa propaganda; en él figuraban personas como el Lic. Benito Juárez Maza, hijo del Benemérito; Manuel Calero; José Peón del Valle; distinguidos oradores como Jesús Urueta, Rafael Zubarán Campmany, Diódoro Batalla y otros distinguidos profesionistas e intelectuales. En abril de 1909, este nuevo Partido publicó un Manifiesto, en el que concretaba sus aspiraciones. Algunos de los puntos principales eran:

1o. Conservación de la paz.
2o. Evolución lenta, sin sacudimientos ni violencias.
3o. Respeto a la vida y a la libertad.
4o. Vigencia real de la Constitución de 1857 y de las Leyes de Reforma.
5o. Libertad de los Municipios y supresión de los jefes políticos.
6o. Independencia e inamovilidad del Poder Judicial.
7o. Fomento de la educación, base del adelanto político.
8o. Estudio de una nueva ley electoral, con miras a establecer el voto directo.
9o. Organización del Ministerio de Agricultura a fin de inaugurar una política agraria y de crédito interior.
10o. Elaboración de una ley sobre accidentes de trabajo, como un primer paso para llegar a una completa legislación obrera.

Otros grupos políticos importantes fueron los Reyistas, que fundaron el Club de Soberanía Popular. Estas personas apoyaban al general Bernardo Reyes, gobernador del estado de Morelos, antiguo Secretario de Guerra y Marina y uno de los militares que gozaban de mayor prestigio en el país. El general Bernardo Reyes, que poco después jugaría un papel muy importante en los acontecimientos que determinaron la caída del gobierno maderista, era originario de Jalisco, fue gobernador del estado norteño de Nuevo León, donde realizó un gobierno progresista, mereciendo el elogio del general Díaz, quien en una visita que realizara a la ciudad de Monterrey y con motivo de un brindis, pronunció la siguiente frase en honor de Reyes: "Así se gobierna". Como Secretario de Guerra y Marina, el general Reyes realizó una encomiable labor, creando la Segunda Reserva del Ejército, la Escuela Militar de Aspirantes, lo cual le había valido fama de organizador en el ejército.

Por todo esto, el general Reyes era una de las figuras más populares del momento; de ahí que un grupo de intelectuales, entre los que figuraban personalidades como el Dr. Francisco Vázquez Gómez y el licenciado José López Portillo y Rojas, organizaran el Club de Soberanía Popular, postulando la planilla de Díaz para presidente y Reyes, vicepresidente.

Sin embargo, poco después fue eliminado de la planilla el general Reyes. El general Díaz decidió postularse una vez más para el periodo 1910-14, y también decidió que su compañero de planilla fuera Ramón Corral, y no el general Reyes, quien aceptó una comisión en Europa, a donde pronto se dirigió.

En 1909 fue reorganizado el Club Reeleccionista con el fin de trabajar por la sexta reelección del general Díaz. El 9 de febrero de 1909 se reunieron un gran número de personalidades políticas, del mundo de las finanzas, de la llamada "aristocracia" mexicana, en la casa del general Pedro Rincón Gallardo. Entre los presentes estaban Ignacio Alvarez Icaza, Manuel Iturbide, José Castellot, Joaquín D. Casasús, Manuel Buch, Rafael Dondé, Pedro Gorozpe y muchos otros. Jesús Silva Herzog en su *Breve historia de la Re-*

volución Mexicana nos dice lo siguiente sobre el Club Reeleccionista: "El señor López Portillo y Rojas en su libro titulado *Elevación y caída de Porfirio Díaz*, al referirse a la ciudad de México en relación con el asunto que estamos tratando escribe: «En el Club Reeleccionista figuraron los científicos (grupo de partidarios muy importantes del Presidente Díaz) más connotados, los católicos más fervientes, los ricos de todos los matices y hasta parientes cercanos del candidato antirreleccionista.» Y es que los parientes cercanos del señor Madero —comentamos nosotros—, pertenecían a la clase acaudalada del país." En efecto así fue, y lógicamente estas personas pudieron disponer de todo el apoyo oficial para sus trabajos políticos.

Por otra parte, en contraposición con los reeleccionistas, apareció el Centro Antirreleccionista, en el cual figuraba prominentemente el señor Francisco I. Madero, quien ya tenía tiempo trabajando en el Partido Democrático. Lo seguían un grupo muy distinguido de profesionistas e intelectuales, como los señores Juan Sánchez Azcona, Emilio Vázquez Gómez, Toribio Esquivel Obregón, distinguido jurisconsulto. Luego de vencer muchos problemas, el 22 de mayo de 1909, quedó establecido el Centro, en la casa del ingeniero Alfredo Robles Domínguez. Ese día, además de los arriba nombrados, estuvieron personas como José Vasconcelos, uno de los hombres más distinguidos de México, Félix Palavicini, Filomeno Mata, batallador denodado y periodista; Luis Cabrera, uno de los más brillantes ideólogos de la Revolución, y muchos otros.

El Centro Antirreleccionista publicó los motivos que lo habían llevado a constituirse; en dicha exposición, se mencionaban aspectos como los siguientes:

"La consolidación de la nacionalidad mexicana sólo podrá conseguirse por medio de la participación del pueblo en el Gobierno. Esta participación del pueblo no ha logrado obtenerse desde hace mucho tiempo, debido a la presión oficial y a la apatía de los ciudadanos, lo cual ha permitido que los funcionarios públicos permanezcan indefinidamente en el poder.

"La reelección indefinida de los gobernantes da por resultado concentrar en sus manos tal suma de poder, que constituye una amenaza para las libertades de los pueblos.

"El medio más eficaz para evitar la pérdida de los derechos políticos es ejercitarlos."

Después venía el programa político que establecía:

1o. Hacer una amplia propaganda, con el fin de procurar que el pueblo ejercite sus derechos y cumpla sus deberes de ciudadanía.

2o. Promover convenciones políticas para la designación de candidatos y discusión de los principios generales de gobierno a que éstos deban sujetarse.

3o. Organizar en toda la República el Partido Anti-Reeleccionista, fundando centros locales que secunden nuestras miras.

4o. Excitar a los ciudadanos a tomar parte en las campañas electorales y especialmente en las próximas elecciones de Presidente y Vicepresidente, Diputados y autoridades municipales, procurando la mayor alternabilidad de los funcionarios.

5o. En la ejecución de su programa, este Partido no tiene más miras que servir los grandes intereses de la Patria y para lograrlo, procurará aprovechar el contingente de todos los buenos mexicanos, y no vacilará en entrar en arreglos o celebrar alianzas con los demás Partidos Políticos Nacionales."

Firmaban entre otros, Emilio Vázquez Gómez y Francisco I. Madero. Pero, ¿quién era el señor Madero? Este hombre singular, había nacido el 30 de octubre de 1873 en la hacienda "El Rosario", de Parras, Coahuila. Hijo y nieto de acaudalados latifundistas, Madero se desenvolvió en un ambiente de abundancia, estudió en Francia durante cinco años. Cuando regresó a México, comenzó a interesarse por los problemas políticos del país, escribió el ya referido libro *La sucesión presidencial* y decidió lanzarse a la lucha contra la reelección del general Díaz. Poco después, Madero se iba a convertir en la figura principal de esa causa, que lo llevó a ocupar la presidencia de la República en medio de un verdadero entusiasmo cívico de los mexicanos, como muy pocas veces se ha visto. Víctima de un golpe de estado, murió asesinado el 22 de febrero de 1913.

En el libro *Madero y Pino Suárez*, Andrés Iduarte describe a Madero con las siguientes palabras: "Blanco, barbado, pequeñito, enfebrecido de fe, bueno como el pan, humilde como San Francisco, siempre me ha recordado a David: su honda fue la que abatió a Goliat, gigante de la Dictadura." Y agrega: "Al servicio de la causa del pueblo, puso sus caudales y la vida propia y la de los suyos. De él lo que más se recuerda es la sonrisa, la palabra dulce y cariñosa, hasta para sus enemigos. En su brega, no faltaban a su hora, los soles y los rayos, pero aún en su fuego había ternura de creación, calor de hogar. Nadie dijo al Dictador cosas más desapasionadas, más justas y hasta el último momento, hasta el último límite, lo llamó a la verdad con

Grupo de sublevados "felixistas" haciendo fuego desde la Ciudadela durante los días de la "Decena Trágica". Febrero 1913.

la razón más serena, más lúcida, más cordial a despecho de los violentos que no alcanzaban la mejor fuerza del hombre. Todavía no se ha visto bien cuanta sangre evitó, con haber habido mucha, ese juego milagroso entre la admonición y el combate, de la admonición que no frenaba sino fortalecía su combate. En éste nunca usó el odio, porque no lo sentía, porque no lo conoció, porque lo había dejado en los remotos orígenes del hombre común, ni en el poder de la venganza porque había venido precisamente para desterrarla. Envuelto en la luz bienhechora, en ella cabalgó sin desmayos, en ella descansó sin temores y en ella murió sin flaquezas." Volviendo a la lucha política de la futura contienda electoral, finalmente habían quedado frente a frente tan sólo dos partidos, el poderoso Reeleccionista y el joven, pero lleno de ideales, Antirreeleccionista. Ambos se prepararon para la campaña electoral.

El señor Madero se lanzó a recorrer todo el país, tratando de inyectar nuevos ánimos, haciendo ver al pueblo la necesidad de dejar su desinterés y su apatía políticas, luchando contra las medidas opresivas del gobierno, el cual ponía muchas dificultades a Madero en las ciudades que visitaba. Como ejemplo citamos lo que ocurrió en Colima. El profesor Jesús Romero Flores, distinguido constituyente de 1917, historiador y político, en su obra, *Anales de la Revolución mexicana* escribe: "En Colima se le comenzó a hostilizar abiertamente, impidiéndole imprimir volantes para anunciar al pueblo sus mítines; se le negaba además localidad para verificarlos, y, finalmente, se le impedía con la ayuda de la policía que fuera escuchado por sus simpatizadores."

Sin embargo, la lucha política continuó en forma por demás desventajosa para Madero, llamado después Apóstol de la Democracia. Finalmente, a petición del juez de Distrito de San Luis Potosí, el señor Madero, en unión de Roque Estrada, fue aprehendido en Monterrey, acusado de incitar al pueblo a la rebelión, remitido a aquella ciudad y puesto en prisión en la Penitenciaría del Estado. Después de 45 días de prisión, quedó libre bajo fianza, pero teniendo la ciudad de San Luis por cárcel.

Las elecciones se celebraron el 26 de junio de 1910, y como era lógico resultaron electos los señores Díaz y Corral para un nuevo periodo de gobierno (1910-1914). El 6 de octubre del mismo año, el señor Madero logró escapar de San Luis Potosí y se dirigió a San Antonio, Texas, donde pronto se le unieron su familia y un grupo de allegados, entre los que estaban Sánchez Azcona, González Garza y otros. Madero pudo escapar debido a que la vigilancia sobre su persona no era muy rígida. El distinguido historiador Jesús Silva Herzog en la obra citada anteriormente, dice al respecto: "El autor de este libro lo vio en más de una ocasión pasear a pie por la alameda, parque que se encuentra enfrente de la estación de ferrocarril. Yo nunca supe ni advertí que estuviera cuidadosamente vigilado."

En San Antonio, Texas, se publicó el documento conocido como Plan de San Luis, fechado el 5 de octubre de 1910 en la ciudad de San Luis Potosí, aunque en realidad fue escrito en aquella ciudad texana. En el plan se declaraban nulas las elecciones para Presidente y Vicepresidente de la República, magistrados a la Suprema Corte de la Nación, y Diputados y Senadores, que se habían celebrado en junio anterior. El artículo 3o. es, a juicio de Silva Herzog, el más importante del Plan, por la importancia que tenía para el pueblo campesino de México. En ese artículo se decía lo siguiente: "Abusando de la ley de terrenos baldíos, numerosos pequeños propietarios, en su mayoría indígenas, han sido despojados de sus terrenos por acuerdo de la Secretaría de Fomento o por fallos de los Tribunales de la República. Siendo de toda justicia restituir a sus antiguos poseedores los terrenos de que se les despojó de un modo tan arbitrario, se declaran sujetas a revisión tales disposiciones y fallos y se les exigirá a los que los adquirieron de un modo tan inmoral o a sus herederos, que los restituyan a sus primitivos propietarios, a quienes pagarán también una indemnización por los perjuicios sufridos. Sólo en caso de que esos terrenos hayan pasado a tercera persona antes de la promulgación de este Plan, los antiguos propietarios recibirán indemnización de aquellos en cuyo beneficio se verificó el despojo." El historiador Silva Herzog juzga con todo acierto, que el citado artículo fue el que impulsó a Emiliano Zapata y a sus gentes a lanzarse a la lucha revolucionaria, ya que en el estado de Morelos había clarísimos ejemplos de despojos.

En el Plan de San Luis, por otra parte, se reconocía como Presidente Provisional y Jefe de la Revolución a don Francisco I. Madero, y se insistía en las reivindicaciones de carácter social, ya que se afirmaba que: "Todas las propiedades que han sido usurpadas para darlas a los favorecidos por la actual administración serán devueltas a sus antiguos dueños." También se reconocía la injusticia cometida desde hacía siglos contra la raza indígena, puesto que se decía que: "Se protegerá en todos sentidos a la raza indígena, procurando por todos los medios su dignificación y su prosperidad."

Se establecían también futuras conquistas sociales para los obreros, determinando que: "Se aumentarán los jornales de los trabajadores de ambos sexos, tanto del campo como de la ciudad. Las horas de trabajo no serán menos de ocho ni pasaran de nueve." El Plan de San Luis señalaba el 20 de noviembre como fecha en que todos los ciudadanos de la República debían levantarse en armas para derrocar a las autoridades que gobernaban. Junto con el Plan de San Luis, Madero suscribió otro Manifiesto dirigido al Ejército Federal, invitándolo a que se uniera al movimiento revolucionario.

En 1910, México se encontraba maduro para la revolución; ya años atrás se habían dado algunos intentos fallidos de levantamientos contra el gobierno del general Díaz. Los más importantes habían sido el del 24 de junio de 1908 en la Población de Viesca, Coahuila, donde Benito Ibarra, acompañado de unos cuantos fieles, se levantó en armas contra el general Díaz. El 26 de junio ocurrió otro levantamiento en Las Vacas, Coahuila; otro, de mayor importancia tuvo lugar en Palomas, Chihuahua, dirigido por Enrique Flores Magón. También José Inés Salazar, Praxedis Guerrero y otros, desconocieron al gobierno siguiendo los principios de Ricardo Flores Magón, quien se encontraba en San Luis Missouri, EUA. Pero estos pequeños levantamientos, inconexos y desorganizados, fueron fácilmente sofocados por el gobierno de Díaz. Más importantes fueron los sucesos de la ciudad de

Valladolid, Yucatán, donde un grupo de personas, descontentas con el Jefe político Luis Felipe Regil, lo asesinaron provocando una dura represión, ya que los principales dirigentes como Maximiliano R. Bonilla, Atilano Albertos y José E. Kantún fueron sentenciados a muerte y fusilados el 25 de junio en el patio de una iglesia. Por otra parte, Gabriel Leyva se levantó en armas en Sinaloa, pero su intento fracasó, fue capturado y fusilado por las tropas federales.

El más grave de todos los intentos de levantamiento fue el ocurrido en la ciudad de Puebla, donde Aquiles Serdán, junto con su familia, se hizo fuerte en su casa, el 18 de noviembre de 1910, pero fue rendido a balazos; fue descubierto escondido en su casa y muerto en la madrugada del 19 de noviembre por el teniente Porfirio Pérez. A pesar de todo, en algunas partes de la República, principalmente en el campo, se iniciaron levantamientos siguiendo la orden de Madero. Pascual Orozco y Francisco Villa, se sublevaron en Chihuahua; José M. Maytorena, Eulalio Gutiérrez y Luis Gutiérrez, en Coahuila; Jesús Agustín Castro, en Gómez Palacio, Durango; Cesáreo Castro, en Cuatro Ciénegas, Coahuila; José de la Luz Blanco, en Cuchillo Parado, Chihuahua; Luis Moya, en Zacatecas; los hermanos Figueroa, en Guerrero; Emiliano Zapata, en el estado de Morelos. Los campos estaban deslindados, el pueblo mexicano se aprestaba a una lucha a muerte contra la vieja dictadura porfirista con el fin de modificar los injustos sistemas de vida.

En suma, podemos decir que las causas del conflicto fueron, de acuerdo con Luis Cabrera (Blas Urrea, *Obras Completas*), las siguientes:

"EL CACIQUISMO". Es decir, la presión despótica ejercida por las autoridades locales que están en contacto con las clases proletarias, y la cual se hace sentir por medio del contingente de las presiones arbitrarias, de la ley fuga (asesinato efectuado por agentes del gobierno, en el cual se hace aparecer que el reo pretendió escapar, por lo que los agentes se vieron obligados a disparar sobre él) y de otras múltiples formas de hostilidad y entorpecimiento a la libertad de trabajo.

"EL PEONAJE". Esto es, la esclavitud de hecho o servidumbre feudal que sufre el peón jornalero, sobre todo, el enganchado o deportado del sureste del país, sistema que subsiste debido a los privilegios económicos, políticos y judiciales de que goza el hacendado.

"EL FABRIQUISMO". Es decir, la servidumbre personal y económica a que se halla sometido de hecho el obrero fabril, a causa de la situación privilegiada de que goza en lo económico y en lo político el patrón, como consecuencia de la protección sistemática que se ha creído necesario impartir a la industria.

"EL HACENDISMO". Esto es, la presión económica y la competencia ventajosa que la gran propiedad rural ejerce sobre la pequeña a la sombra de la desigualdad en el impuesto, y de una multitud de privilegios de que goza aquélla en lo económico y en lo político y que producen la constante absorción de la pequeña propiedad agraria por la grande.

"EL CIENTIFICISMO". Es decir, el monopolio ejercen los grandes negocios sobre los pequeños, como consecuencia de la protección oficial y de la influen-
comercial y financiero, y la competencia ventajosa que

cia política que sus directores ponen al servicio de aquéllos.

"EL EXTRANJERISMO". Esto es, el predominio y la competencia ventajosa que ejercen en todo género de actividades los extranjeros sobre los nacionales, a causa de la situación privilegiada que les resulta de la desmedida protección que reciben de las autoridades y del apoyo y vigilancia de sus representantes diplomáticos.

2

La Revolución de 1910-1911. Levantamientos de los hermanos Zapata en Morelos. Principales operaciones militares en Chihuáhua. Cae Ciudad Juárez en poder de los revolucionarios. Tratados de Ciudad Juárez. Renuncia del general Díaz y de Corral. Interinato del presidente Francisco León de la Barra. Entrada triunfante de Madero a la ciudad de México.

Fue en el vasto estado norteño de Chihuahua, donde se iniciaron las operaciones militares contra el gobierno del general Díaz. El 21 de noviembre tuvo lugar en Guerrero, Chihuahua, el primer encuentro entre los revolucionarios, al mando de Pascual Orozco, contra tropas del 3er. Regimiento de Caballería, al mando del capitán Salvador Ormachea. Esta acción provocó que el ejército enviase tropas a Guerrero, 160 hombres del 12o. Batallón para reforzar la guarnición. En Chi-

huahua, el alma de la Revolución fue Abraham González, quien es descrito por el licenciado Isidro Fabela
así: "Don Abraham, era un fuerte varón, alto, robusto, un poco abultado el vientre, de espaldas bien anchas, morena la tez pero no en demasía, bigote tupido
y entrecano que jamás descuidaba, frente espaciosa,
nariz recta, boca bien dibujada y labios delgados, de
ojos grandes, muy negros, de cejas espesas y mirada
vivaz. El conjunto del rostro era interesante; denotaba a la par enérgico carácter y bondad, y en la mirada, siempre alerta, resplandecía una luz brilladora:
la inteligencia. Su voz era grata, de tonos menores y
modulaciones claras. Su risa pareciera de niño por lo
franca y sonora. Caminaba erguido y reposado, con
el paso firme y seguro del hombre de mando." Así era
a grandes rasgos el jefe de la Revolución en el norte.

Los principales seguidores de Abraham González
eran Pascual Orozco y Francisco (Pancho) Villa. El
general Pascual Orozco, antiguo arriero, y principal
figura militar revolucionaria en Chihuahua, nos es
descrito por Rafael F. Muñoz de la siguiente manera:
"Era Pascual Orozco un hombre enjuto, alto y flaco,
cuya construcción huesosa revela un vigor creado no
por los juegos atléticos, sino por la vida ágil y robusta
de los campos, por las tareas rústicas, por el trato
incesante con la naturaleza, por la espontánea vitalidad que da al hombre, como al árbol, el libre crecimiento en el seno de la naturaleza." Más adelante
dice: "No es pródigo en hablar, es por el contrario
avaro de voces, tímido y parco de ademanes, huraño
de confidencias, pero los que lo han visto pelear, los
que con él convivieron durante la Revolución, afirman que es rápido y seguro en el obrar, pujante y

El Presidente Madero, llegando a la Plaza de la Constitución, acompañado por los cadetes del Colegio Militar al iniciarse la sublevación militar en febrero de 1913.

constante en la acción y que su valor es incansable y prudente."

Sobre Francisco Villa se han escrito muchas obras; es un hombre siempre discutido, admirado por unos hasta la exageración, execrado por otros hasta el oprobio. Su nombre verdadero fue Doroteo Arango, nació el 5 de junio de 1878 en una comunidad rural llamada La Coyotada, del municipio de San Juan del Río, Durango. Hombre de grandes pasiones, su figura se ha convertido en legendaria y es, sin duda alguna, uno de los grandes caudillos de la Revolución. Como militar, así es descrito por el general Miguel A. Sánchez Lamego: "El general Villa, que poseía poca o ninguna cultura, era impulsivo, soberbio, tenaz y sanguinario. El mando lo ejercía por medio de la violencia y el temor; así, por ejemplo, para que sus subalternos cumplieran con las misiones que les encomendaba, los amenazaba con la muerte si no llegaban a cumplirlas." El ingeniero Marte R. Gómez en su libro *Villa, un intento de semblanza*, lo describe así como guerrillero: "...ingenioso, dotado de grandes recursos para manejar pequeños contingentes de hombres aguerridos y capaces de recorrer a todo galope grandes distancias, apareciendo y desapareciendo de manera intempestiva donde menos se podía imaginar, características tan peculiares, le depararon éxitos fulgurantes, e hicieron nacer la aureola que lo consagró como guerrillero sin par." Más adelante dice: "...Villa poseía un magnetismo personal que le permitía arrastrar tras de sí millares de hombres, para que se dieran de alta en las filas de su famosa y aguerrida División del Norte, está fuera de duda; que tenía autoridad para mandar, tampoco se discute. Lamentablemente, su orgullo, fuera de toda medida, lo empujaba a querer mandar en todo y sobre todo. Por eso nunca y ante nadie se avino a reconocer otra autoridad que no fuera la suya propia, muy a menudo se extraviaba por los atolladeros de la violencia hasta los que se dejaba arrastrar por el capricho."

Orozco y Villa fueron pues los jefes principales del movimiento maderista en Chihuahua, a finales de 1910 y principios de 1911. El 30 de noviembre, Orozco se apoderó de Ciudad Guerrero; después salió a Pedernales, Chihuahua, donde trabó combate y derrotó a las tropas federales.

El 15 de diciembre de 1910, Villa fue desalojado del poblado de San Andrés por tropas federales al mando del Tte. Coronel Agustín Martínez; posteriormente tuvo un encuentro con tropas del general Navarro, retirándose luego hacia Parral. El general Díaz, desde México, tomó el mando de las operaciones, auxiliado por su hijo Porfirio y el coronel Samuel García Cuéllar, y ordenaron al general Juan Navarro que recapturara Ciudad Guerrero, con el 20o. Batallón de infantería. El avance de éste se hizo con grandes precauciones sosteniendo tiroteos en Cerro Prieto con las fuerzas de Orozco, quien se estableció en el pueblo de Pedernales y esperó ahí el refuerzo conducido por el coronel Martín Luis Guzmán (padre del famoso escritor del mismo nombre). Como las tropas tenían que atravesar el cañón de Mal Paso, el general Navarro, envió una columna de 475 hombres al mando del coronel Fernando Trucy Aubert a desalojar el cañón, en el cual se alojaban enemigos, cosa que en efecto sucedió, trabándose ahí un combate que duró seis horas; los maderistas que estaban mandados por Pascual Orozco y J. de la Luz Blanco se retiraron. Dos días después, el 18 de diciembre, ocurrió un segundo combate en Mal Paso. En esta ocasión los revolucionarios sorprendieron a las fuerzas federales y sostuvieron un combate durante cuatro horas y media. El coronel Guzmán ordenó la retirada ante la superioridad numérica de los revolucionarios; los federales tuvieron tres jefes heridos, el propio coronel Guzmán, que murió el 29 de diciembre en la ciudad de Chihuahua, el entonces mayor Vito Alessio Robles (futuro político y distinguido historiador) y el teniente coronel Vallejo. El gobierno de Díaz, después de este fracaso, ordenó el refuerzo de las tropas de Navarro; con esto pudo reanudar su avance, ocupando el 6 de enero Ciudad Guerrero, sin combatir, ya que fue evacuada por Orozco y su gente.

En otras partes de la República se extendía también la naciente Revolución. En Zacatecas Luis Moya se sublevó en el poblado de Nieves y derrotó en el Aguaje, Durango, al mayor Ismael Ramos, y poco después tomó la plaza de San Juan de Guadalupe, Durango. Moya, hombre audaz, hizo una breve campaña en Zacatecas, ya que murió frente a Sombrerete, el 11 de mayo de ese año. En Sonora, Salvador Alvarado y Juan G. Cabral se apoderaron de Cuquiarachi, siguiendo sobre Frontera y Bacoachi. En Sahuaripa se sublevó Severiano Talamantes. En Chihuahua, un viejo seguidor del líder socialista Ricardo Flores Magón, Praxedis Guerrero se sublevó en Janos, Chihuahua, pero con poca suerte ya que fue muerto por las tropas federales. En la Baja California, otro seguidor de Flores Magón, José M. Leyva, al mando de un reducido grupo de insurrectos capturó Mexicali, aunque por poco tiempo debido a que se mezclaron en el movimiento unos aventureros norteamericanos que desvirtuaron el fin revolucionario.

Ante tal situación, el señor Francisco I. Madero que, recordemos, se encontraba en San Antonio, Texas, decidió regresar al territorio nacional, internándose por las inmediaciones de Zaragoza (15 kilómetros al sudeste de Ciudad Juárez), el 14 de febrero de 1911. Lo acompañaban Abraham González, nombrado gobernador provisional de Chihuahua; el ingeniero Eduardo Hay, que fungía como Jefe del Estado Mayor; José de la Luz Soto, nombrado coronel del Ejército Libertador; su hermano Raúl Madero; el general boer Benjamín Viljoen; José Garibaldi, nieto del héroe italiano, y un grupo numeroso de seguidores, tanto mexicanos como norteamericanos; con estas personas se dirigió al poblado de Guadalupe.

La noticia de la llegada de Madero se extendió rápidamente tanto entre sus partidarios como entre la gente del gobierno. Madero decidió atacar la población de Casas Grandes, Chihuahua, defendida por el coronel Agustín Valdez, comandante del 18o. Batallón de Infantería, cuya guarnición estaba compuesta por unos 500 hombres. El 6 de marzo, al frente de unos 800 hombres, todos ellos irregulares, Madero ordenó el ataque, pero fracasó, gracias al oportuno refuerzo federal que llegó a las órdenes del coronel Samuel García Cuéllar (jefe del Estado Mayor Presidencial). Los revolucionarios se retiraron derrotados, habiendo resultado herido en un brazo el propio señor Madero, jefe de la Revolución. Por parte de las tropas federales, también fue herido el coronel de ingenieros García Cuéllar.

Después de esta derrota, Madero se retiró a reorganizar sus fuerzas y poco a poco recibió el refuerzo de diferentes partidas que operaban en el estado de Chihuahua, entre ellas las de Pascual Orozco y de Francisco Villa, llegando a tener un efectivo de más de 1,500 hombres. Con ellos se propuso atacar la capital de dicho Estado, pero después cambió de opinión, decidiéndose a atacar Ciudad Juárez, importante plaza fronteriza, donde estaba la aduana de mayor importancia y vecina de El Paso, ciudad norteamericana del estado de Texas. La guarnición de Ciudad Juárez, se encontraba al mando del coronel de infantería Manuel Tamborrell, quien había organizado algunas obras defensivas con el auxilio del teniente coronel del Cuerpo Especial de Estado Mayor, Fortino Dávila. El mando de todas las tropas recayó en el general Juan C. Navarro, que llegó desde Ciudad Guerrero a hacerse cargo de la defensa de la ciudad fronteriza. Los revolucionarios, mandados por Orozco y Villa, atacaron la plaza los días 8 y 9 de mayo, y después de una lucha furiosa derrotaron a los federales. El general Navarro decidió rendirse con las fuerzas a su mando. Entre los muertos figuraba el coronel Tamborrell, que había sido un distinguido alumno del Colegio Militar de Chapultepec. El día 17 de mayo de 1911 se firmó un armisticio por el término de cinco días, abarcando todo el territorio nacional. Finalmente, el 21 de ese mes de mayo se concluyó un nuevo Tratado de Paz, firmándose en Ciudad Juárez.

Mientras esos combates se libraban ocurrían sucesos importantes en la ciudad de México. Ahí, el general Díaz, decepcionado y achacoso, agobiado por el peso de sus 80 años, decidió hacer importantes cambios en su gabinete, con la esperanza de detener la Revolución. Sin embargo, en la importante cartera de Guerra dejó al mismo anciano general González Cosío, ya que se negó a aceptar la recomendación de nombrar a su antiguo protegido, el general Bernardo Reyes, que pudo haber inyectado nuevos bríos a las tropas federales. Con un nuevo gabinete, el general Díaz se presentó el 1o. de abril, ante el Congreso Nacional, donde leyó su informe de gobierno, en el cual manifestó su deseo de hacer respetar el sufragio y establecer el principio de la no reelección. Pero era ya demasiado tarde; la Revolución lo estaba obligando a salir de su oficina. El gobierno nombró al licenciado Francisco Carbajal como su representante para entrar en tratos con los revolucionarios; por parté de éstos fueron nombrados el doctor Vázquez Gómez, el licenciado José María Pino Suárez y Francisco Madero (padre); sin embargo, las primeras negociaciones fracasaron. El 7 de mayo, poco antes de la caída de Ciudad Juárez, el general Porfirio Díaz expedía un Manifiesto dirigido al pueblo de México en el que se leía:

"La rebelión iniciada en Chihuahua, en noviembre del año pasado, que, por las escabrosidades del terreno no pudo sofocarse a tiempo, ha soliviantado en otras regiones de la República las tendencias anárquicas y el espíritu de aventura, siempre latentes en algunas capas sociales de nuestro pueblo. El gobierno que presido acudió, como era su estricto deber, a combatir en el orden militar el movimiento armado, y en el orden político, el presidente de la República, en el informe que rindió ante el Congreso de la Unión, el primero de abril próximo anterior, declaró ante todo el país y ante todo el mundo civilizado que era su propósito entrar en un camino de reformas políticas y administrativas, en acatamiento de las justas y oportunas demandas de la opinión pública. Es público y notorio que el gobierno, desentendiéndose del cargo que se le hace de no obrar espontáneamente, sino bajo la presión de la rebelión, ha entrado de lleno en el camino de las reformas prometidas."

Los últimos párrafos del citado Manifiesto eran dramáticos, demostraban el deseo del general Díaz de evitar un mayor derramamiento de sangre y la determinación de retirarse, si era necesario, pero manteniendo la dignidad y el decoro. Estos párrafos decían:

"El Presidente de la República, que tiene la pena de dirigirse al pueblo en estos solemnes momentos, se retirará, sí, del poder, pero como conviene a una nación que se respeta, como corresponde a un mandatario que podrá sin duda haber cometido errores, pero que en cambio también ha sabido defender a su patria y servido con lealtad."

Volviendo a la caída de la plaza de Ciudad Juárez, como hemos indicado los días 8 y 9 de mayo de 1911, Madero, en su carácter de Presidente Provisional, decidió nombrar su gabinete con las siguientes personas: Gobernación, Federico González Garza; Relaciones Exteriores, doctor Francisco Vázquez Gómez; Justicia, licenciado José María Pino Suárez; Comunicaciones, ingeniero Manuel Bonilla; Guerra y Marina, Venustiano Carranza. Con la caída de Ciudad Juárez, Madero dio la primera muestra, de las muchas que después tuvo, de su bondad, al defender al general derrotado, Navarro, de las iras de Orozco y Villa, quienes deseaban fusilarlo. Pese a la insistencia de estos

*El general Victoriano Huerta
acompañado por el general Téllez,
en los combates de Bachimba
durante la rebelión de Pascual Orozco.
1912.*

jefes revolucionarios, Madero llevó al general Navarro a la vecina ciudad de El Paso, Texas. Esto ocasionó que los dos generales revolucionarios se insubordinaran, e incluso querían matar a Madero; éste, cuando conoció lo que se tramaba en su contra, se dirigió a las tropas arengándolas en un vigoroso discurso, con el cual conjuró el peligro. Obviamente, estos hechos acrecentaron enormemente la popularidad de Madero.

La caída de la importante ciudad fronteriza constituyó una victoria moral, más que un triunfo militar, ya que hay que considerar que el ejército federal estaba prácticamente intacto. La captura de Ciudad Juárez hizo comprender al pueblo mexicano que era posible derrotar al general Díaz. Así lo afirma el doctor Francisco Vázquez Gómez en sus *Memorias políticas*: "Convengo, claro está, en que la toma de Ciudad Juárez, sin incidente internacional, contribuyó grandemente al triunfo de la Revolución; más por su influencia moral que fue decisiva, que por su importancia militar." Por otra parte, Ramón Prida, en su libro titulado *De la dictadura a la anarquía*, opina lo siguiente: "La caída de Ciudad Juárez fue el golpe de gracia al Gobierno del general Díaz. Con una sola batalla ganada, con la toma de una plaza sin importancia como Ciudad Juárez, la Revolución iniciada en noviembre de 1910 había triunfado. No eran las armas, sino la opinión pública la que venció."

A todo lo anterior debe añadirse el hecho de que el general Díaz, en una muestra de patriotismo, no quiso provocar o prolongar una sangrienta guerra civil, o una posible intervención extranjera. A este respecto no debemos olvidar un punto muy importante, y esto es que el gobierno porfirista no era muy grato al de los

Estados Unidos. El gobierno de Díaz había dado muestras muchas veces de independencia política; se había opuesto al arrendamiento de Bahía Magdalena, en la Baja California; había provocado la ira de los Estados Unidos cuando envió un cañonero mexicano al puerto de Corinto, Nicaragua, para reforzar al general Santos Celaya, Presidente depuesto por los norteamericanos en aquella república centroamericana. Todos estos acontecimientos hacen suponer una posible intervención norteamericana, que hubiera provocado una nueva guerra internacional. Ante tales circunstancias, el presidente Díaz optó por presentar su renuncia irrevocable. Finalmente, el día 21 de mayo de 1911, se firmó el importante Tratado de Paz que decía:

"En Ciudad Juárez, a los veintiún días del mes de mayo de mil novecientos once, reunidos en el edificio de la Aduana Fronteriza, los señores Lic. D. Francisco S. Carbajal, representante del Gobierno del señor general Porfirio Díaz; D. Francisco Vázquez Gómez, D. Francisco Madero y Lic. José María Pino Suárez, como representantes los tres últimos de la Revolución, para tratar sobre el modo de hacer cesar las hostilidades en todo el territorio nacional y considerando:

Primero: Que el señor general Porfirio Díaz ha manifestado su resolución de renunciar a la Presidencia de la República, antes de que termine el mes en curso.

Segundo: Que se tienen noticias fidedignas de que el señor Ramón Corral renunciará igualmente a la Vicepresidencia de la República en el mismo plazo.

Tercero: Que por ministerio de la ley, el señor Lic. don Francisco León de la Barra, actual Secretario de

Relaciones Exteriores del Gogierno del señor general Díaz, se encargará interinamente del Poder Ejecutivo de la Nación y convocará a elecciones generales dentro de los términos de la Constitución.

Cuarto: Que el nuevo Gobierno estudiará las condiciones de la opinión pública en la actualidad para satisfacerlas en cada Estado dentro del orden constitucional y acordará lo conducente a las indemnizaciones de los perjuicios causados directamente por la Revolución.

Las dos partes representadas en esta conferencia, por las anteriores consideraciones han acordado formalizar el presente convenio.

Unica: Desde hoy cesarán en todo el territorio de la República las hostilidades que han existido entre las fuerzas del Gobierno del general Díaz y las de la Revolución; debiendo ser licenciadas a medida que en cada Estado se vayan dando los pasos necesarios para restablecer y garantizar la paz y el orden públicos.

Transitorio: Se procederá desde luego a la reconstrucción o reparación de las vías telegráficas y ferrocarrileras que hoy se encuentran interrumpidas.

El presente convenio se firma por duplicado.

Francisco S. Carbajal.

Francisco Madero (Sr.)

Francisco Vázquez Gómez.

José M. Pino Suárez.

Rúbricas."

Luego de lo anterior se precipitaron los acontecimientos a una gran velocidad y sucedió lo que ha ocurrido muchas veces en otros países; la multitud, hasta entonces respetuosa del gobierno, se desbordó anárquicamente; en forma violenta atacó los comercios, las oficinas gubernamentales, mostrando en esa forma sus anhelos reprimidos por tantos años. En diversas partes de la República se hicieron semejantes manifestaciones. En la ciudad de México, gracias a los buenos oficios del ingeniero Alfredo Robles Domínguez, representante de la Revolución en la capital, pudieron ser contenidos los excesos.

El 25 de mayo de 1911, llegó la tan esperada renuncia del presidente Díaz a la Cámara de Diputados y la acompañaba la de Ramón Corral, hasta entonces vicepresidente. Por ser un documento trascendental en la historia del México moderno, la reproducimos a continuación:

"A los CC. Secretarios de la H. Cámara de Diputados. Presente.

El pueblo mexicano, ese pueblo que tan generosamente me ha colmado de honores, que me proclamó su caudillo durante la Guerra de Intervención, que me secundó patrióticamente en todas las obras emprendidas, para impulsar la industria y el comercio de la República, ese pueblo, señores diputados, se ha insurreccionado en bandas milenarias armadas, manifestando que mi presencia en el ejercicio del Supremo Poder Ejecutivo, es causa de su insurrección.

No conozco hecho alguno imputable a mí, que motivara ese fenómeno social, pero permitiendo, sin conceder, que pueda ser un culpable inconsciente, esa posibilidad hace de mi persona la menos a propósito para raciocinar y decir sobre mi propia culpabilidad.

En tal concepto, respetando, como siempre he respetado la voluntad del pueblo y de conformidad con el artículo 82 de la Constitución Federal, vengo ante la Suprema Representación de la Nación a dimitir sin reserva el encargo de Presidente Constitucional de la República, con que me honró el pueblo nacional; y lo hago con tanta más razón cuanto que para retenerlo sería necesario seguir derramando sangre mexicana, abatiendo el crédito de la nación, derrochando sus riquezas, cegando sus fuentes y exponiendo su política a conflictos internacionales.

Espero, señores diputados, que calmadas las pasiones que acompañan a toda revolución, un estudio más concienzudo y comprobado haga surgir, en la conciencia nacional, un juicio correcto que me permita morir, llevando en el fondo de mi alma una justa correspondencia de la estimación que en toda mi vida he consagrado y consagraré a mis compatriotas. Con todo respeto. México, mayo 25 de 1911. Porfirio Díaz (Rúbrica)."

Al día siguiente, Madero publicó un Manifiesto a la Nación, del cual entresacamos algunas de las líneas más interesantes:

"MEXICANOS:

Cuando os invité a tomar las armas, os dije que fuéseis invencibles en la guerra y magnánimos en la victoria. Habéis cumplido fielmente mi recomendación, causando la admiración del mundo entero. Pues bien, ahora os recomiendo que así como habéis sabido empuñar las armas para defender vuestros derechos, los que sigáis con ellas en calidad de guardias nacionales, os pongáis a la altura de vuestros nuevos deberes, que consisten en guardar el orden y constituir una garantía para la nueva sociedad y para el nuevo régimen de cosas, los que os retiréis a la vida privada, esgrimid la nueva arma que habéis conquistado: el voto. Usad libremente esta poderosísima arma y muy pronto veréis que ella os proporciona victorias más importantes y duraderas que las que os proporcionó vuestro rifle...."

La solución dada al triunfo de la Revolución, no satisfizo a algunos de los partidarios de Madero; ellos querían romper definitivamente con el orden antiguo, no querían una transición como la que de hecho se había sucedido, puesto que el Presidente Interino, Francisco León de la Barra, era un connotado porfirista, y lógicamente seguiría más o menos el mismo orden de cosas. El licenciado Luis Cabrera, uno de los más notables ideólogos de la Revolución, envió una carta a Madero, en la cual, entre otras cosas, le decía: "Las revoluciones son siempre operaciones dolorosísimas para el cuerpo social; pero el cirujano tiene, ante todo, el deber de no cerrar la herida antes de haber limpiado la gangrena. La operación, necesaria o no, ha comenzado; usted abrió la herida y usted está obligado a cerrarla; pero, ¡hay de usted! si acobardado ante la vista de la sangre o conmovido por los gemidos de dolor de nuestra patria cerrara precipitadamente la herida sin haberla desinfectado y sin haber arrancado el mal que se propuso usted extirpar, el sacrificio habría sido inútil y la historia maldecirá el nombre de usted, no tanto por haber abierto la herida, sino por que la patria seguirá sufriendo los mismos males que ya daba por curados y continuaría además expuesta a recaídas cada vez más peligrosas y amenazada de nuevas operaciones más agotantes y cada vez más dolorosas."

Y proseguía Cabrera: "En otros términos, y para hablar sin metáforas: usted, que ha provocado la revolución, tiene el deber de apagarla; pero ¡ay de usted!, si asustado por la sangre derramada o ablandado por los ruegos de parientes y de amigos o envuelto por la astuta dulzura del príncipe de la paz o amenazado por el yanqui, deja infructuosos los sacrificios hechos. El país seguiría sufriendo los mismos males, quedaría expuesto a crisis cada vez más agudas, y una vez en el camino de las revoluciones que usted le ha enseñado, querría levantarse en armas para la conquista de cada una de las libertas que dejara pendientes de alcanzar." Cabrera previó, desgraciadamente con gran exactitud, lo que pasó en México; a la muerte de Madero, se sucedió un largo, muy largo periodo de convulsiones políticas que causaron muchas muertes, mucho sufrimiento, miseria y frustración en el pueblo mexicano.

Comentario aparte merecen las actividades de los hermanos Zapata en el estado de Morelos, ya que si su movimiento desde el punto de vista militar no tiene importancia parecida a la de los revolucionarios del norte, sí la tiene, y muy grande, desde el punto de vista social, ya que Zapata representó el ansia de justicia social de los campesinos de todo México.

La rebelión de Zapata tuvo lugar en el pequeño estado de Morelos, muy próximo a la capital de la República, y justamente por pequeño, los problemas del campo eran muy grandes. Había enormes latifun-

Típica escena de aquellos días.
Un soldado federal se despide de su
pequeño hijo, cargado por la "soldadera."

dios azucareros en manos de ricos hacendados que normalmente vivían en la capital, y en cambio muy pequeñas propiedades agrícolas, cuyas tierras eran de poca calidad, en donde los campesinos apenas podían sobrevivir a sus ya de por sí parcas necesidades. Esas tierras desde antes de la conquista española pertenecían a sus habitantes; sin embargo, desde hacía siglos se habían apoderado de ellas los ricos hacendados, ayudados muchas veces por personas cuyas influencias políticas en los círculos gubernamentales o el gobierno mismo obligaban a los campesinos a cederlas.

Puesto que Morelos es una región de clima semitropical, pronto se convirtió en uno de los principales lugares productores de azúcar. Los ingenios azucareros se esparcieron por la breve geografía del Estado. En 1910 Morelos producía la tercera parte del azúcar de México, y diecisiete familias eran las dueñas de los principales latifundios del Estado. Entre ellas abundaban los apellidos aristocráticos, tales como de la Torre y Mier, García Pimentel, Sánchez Juárez (descendiente de Juárez), Emanuel Amor, Vélez Goríbar, Escandón, Pasquel y otros. Estas diecisiete familias poseían en total 189,070 hectáreas que producían 52,266.135 kilogramos de azúcar. Esta circunstancia y los bajos jornales, mostraban una tremenda injusticia social, que había creado descontento, tanto en Morelos, como en el vecino estado de Guerrero, donde los hermanos Figueroa habían dado muestras de inconformidad y habían desconocido al gobierno del general Díaz. A ello debe añadirse la crítica situación política. Morelos estaba gobernado por favoritos del general Díaz, como el teniente coronel Pablo Escandón. Esta situación creó un ambiente favorable para la Revolución en Morelos; el pueblo hambriento, víctima de injusticias seculares, esperaba impaciente el momento de que alguien lo incitara a rebelarse.

Ese alguien fue Emiliano Zapata, que nació el año de 1877, en el pequeño poblado de Anenecuilco. (En virtud de haber sido destruidos los archivos del Registro Civil en Anenecuilco y Villa de Ayala, no ha sido posible precisar la fecha de su nacimiento). Muy pequeño aún se dedicó a las labores del campo, y desde esa temprana edad se dio cuenta de la forma en que los hacendados, en estrecha combinación con los jueces, despojaban a los pueblos de sus mejores tierras ejidales. Cuando tocó el turno a Villa de Ayala y a su pueblo natal de Anenecuilco, Zapata, ya hombre adulto, fue a México a evitar el despojo de las tierras de su pueblo; pero convencido de la inutilidad de sus esfuerzos, convocó a sus compañeros a defender con las armas lo que no podía ser defendido con el derecho. La reacción del gobierno, fue la que se usaba en aquella época con los rebeldes del campo; Zapata fue reclutado para ingresar al ejército por medio del oprobioso sistema de "leva" (reclutamiento forzoso) y así fue llevado al cuartel del 9o. Regimiento de Caballería. Gracias a la influencia de unos aristócratas tan sólo permaneció en el ejército seis meses, pero señalado ya como rebelde, tuvo que ausentarse de su tierra para irse a trabajar al estado de Puebla. Regresó a Morelos con motivo de las elecciones para gobernador en 1909; lógicamente, el candidato oficial Escandón, resultó electo, lo cual agudizó las tensiones políticas y sociales del Estado.

Al inicio de la Revolución maderista, se conoció en Morelos el Plan de San Luis y en especial el artículo

3o. referente a la injusticia contra los campesinos, lo cual causó un gran impacto entre los descontentos que de inmediato decidieron rebelarse. El 7 de febrero de 1911, Gabriel Tepepa se levantó en armas en Tlalquitenango, pueblo cercano a Jojutla, la ciudad más importante del estado de Morelos, en relación con el comercio. Días después le seguían Pablo Torres Burgos y Emiliano Zapata, entre otros, quienes de inmediato comenzaron a organizar a aquellos grupos carentes de armamentos (excepto escopetas rústicas) y municiones adecuadas. Pero todo ello fue suplido con el entusiasmo y con la firme decisión de luchar, incluso perdiendo la vida, por encontrar una solución a sus terribles problemas.

Comenzaron los combates, esporádicos, inconexos, faltos de táctica militar, pero muy pronto problemáticos para las fuerzas federales ahí acantonadas. En Jolalpan, hubo el 22 de abril una junta de jefes revolucionarios que acordaron nombrar a Emiliano Zapata, jefe del movimiento revolucionario en Morelos. En esa época, se encontraba en Morelos el 29o. Batallón de Infantería a las órdenes del coronel Aureliano Blanquet. Este batallón, y su comandante, tuvieron un papel fundamental en la historia, algunos años después, a propósito de la muerte de Madero.

Durante la Revolución maderista, Zapata combatió con variada fortuna contra los federales, tomando parte en las acciones contra los pueblos de Jonacatepec, Cuautla y otros. La renuncia del general Díaz trajo como consecuencia el cese del fuego en el estado de Morelos y el nombramiento de un gobernador provisional; éste fue Juan H. Carreón, quien había sido el gerente del Banco de Morelos, tomó posesión de su cargo el 2 de junio de 1911. Días antes, el 28 de mayo, Emiliano Zapata había ocupado la ciudad de Cuernavaca.

El 6 de junio, Zapata se trasladó a la capital de la República para tener una entrevista con Madero, el caudillo de la Revolución, en la casa particular de éste. En dicha entrevista Madero insistió en la necesidad de licenciar las tropas surianas, teniendo en cuenta que la Revolución había terminado. Zapata no vio esto con buenos ojos y expresó algunas diferencias, lo cual ocasionó que Madero prometiera ir a Morelos con el fin de estudiar la situación en el propio lugar de los hechos. Esta visita se llevó a cabo el 12 de junio en Cuernavaca, Madero y Zapata no pudieron llegar a un arreglo. Zapata se mostró desconfiado siempre de Madero y no aceptó sus propuestas. Sin embargo, no se produjo todavía la ruptura entre ellos; fueron licenciadas las tropas de Zapata ante el representante del gobierno, ingeniero Alfredo Robles Domínguez. La operación importó la suma de 47,500.00 pesos y se recogieron 3,500 armas.

Los ricos hacendados no estaban de acuerdo con la situación de Morelos y comenzaron a intrigar en los altos círculos gubernamentales, lo cual trajo finalmente la decisión del Presidente Interino De la Barra, de enviar nuevamente tropas. El 9 de agosto se ordenó al general de brigada, Victoriano Huerta, que marchara a Morelos, llevando una columna de infantería, caballería y artillería, con el fin de terminar con el licenciamiento de zapatistas en otras partes de Morelos. Madero intervino tratando de solucionar las diferencias, ayudado por su hermano Gustavo; todo el mundo deseaba que cuando Madero subiera a la

Presidencia, la República estuviera en calma. Nuevamente el ingeniero Robles Domínguez trató de mediar, pero no se pudo llegar a una solución y Zapata se sublevó contra el gobierno. Cabe advertir, sin embargo, que Zapata fue constantemente provocado y que finalmente respondió con las armas a esas provocaciones.

Zapata, seguido de sus fieles, se dirigió hacia los límites de Puebla con el fin de unirse a otros jefes surianos, como Jesús Morales, Francisco Mendoza y otros. Ahí, en Ayoxustla, un solitario caserío situado en la sierra del mismo nombre, el 28 de noviembre de 1911 se expidió el Plan de Ayala, del que fue creador un oscuro profesor pueblerino, Otilio E. Montaño. Ese plan fue la base del movimiento zapatista, ya que condensaba en tan solo dos palabras los anhelos centenarios de los campesinos de todo México: TIERRA Y LIBERTAD. Con esas dos palabras se sintetizaba la aspiración de millones de seres desposeídos, abrumados por la injusticia social, y en esos momentos, deseosos de acabar con aquella situación.

En el Plan de Ayala se desconocía a Madero como jefe de la Revolución y como Presidente de la República, y se reconocía, en cambio, como Jefe de la Revolución libertadora, al general Pascual Orozco.

Algunos artículos importantes que muestran la médula del Plan de Ayala son los siguientes:

"Art. 6o. Como parte adicional del Plan que invocamos, hacemos constar: que los terrenos, montes y aguas que hayan usurpado los hacendados, científicos o caciques a la sombra de la tiranía y la justicia venal entrarán en posesión de estos bienes inmuebles desde luego, los pueblos o ciudadanos que tengan sus títulos correspondientes a esas propiedades, de las cuales han sido despojados, por la mala fe de nuestros opresores, manteniendo a todo trance, con las armas en la mano la mencionada posesión, y los usurpadores que se consideren con derecho a ellos, lo deducirán ante tribunales especiales que se establezcan al triunfo de la Revolución.

Art. 7o. En virtud de que la inmensa mayoría de los pueblos y ciudadanos mexicanos, no son más dueños que del terreno que pisan, sufriendo los horrores de la miseria sin poder mejorar en nada su condición social ni poder dedicarse a la industria o agricultura por estar monopolizadas en unas cuantas manos las tierras, montes y aguas; por esta causa se expropiarán, previa indemnización de la tercera parte de esos monopolios, a los poderosos propietarios de ellas, a fin de que los pueblos y ciudadanos de México obtengan ejidos, colonias, fundos legales para pueblos, o campos de sembradura o de labor y se mejore en todo y para todo la falta de prosperidad y bienestar de los mexicanos."

Dejamos aquí el movimiento revolucionario encabezado por Zapata para volver a ocuparnos de las actividades de Madero. Después de las renuncias del viejo general Díaz y de Ramón Corral, el mismo 25 de mayo salió Díaz para el puerto de Veracruz, en donde se embarcó, el 27 del mismo mes, en el vapor "Ipiranga" con rumbo al destierro. El 26 de mayo, el señor Francisco León de la Barra ocupó la Presidencia interina, y en el norte, el señor Francisco I. Madero, caudillo de la Revolución triunfante, inició su viaje a la capital, en medio de un júbilo indescriptible del pueblo ahora esperanzado.

El 7 de junio llegó Madero a la ciudad de México; posiblemente nunca, en la historia de este país, se ha congregado una multitud tan espontáneamente. Todos querían saludar al hombre que había derribado al gobierno del general Díaz, todos querían ver al hombre, pequeño de estatura, pero de una gigantesca moral. Todos querían ver a Madero, que personificaba el fin de tantas injusticias, que encarnaba la esperanza, la ilusión de un cambio radical en México. Francisco Bulnes, notable escritor y agudo polemista, comentó que por aquellos días la popularidad de Madero competía con la de la Virgen de Guadalupe, y no se equivocaba.

Días después, Madero estableció sus oficinas en el Paseo de la Reforma, y entonces comenzó una sorda campaña de desprestigio; algunos periódicos, pero en especial una revista de caricaturas, "multicolor", se especializó en hacer críticas groseras, en ironizar burdamente al futuro presidente y a su hermano Gustavo, a quien bautizaron con el nombre de "ojo parado" (era tuerto), así como a algunos fervientes maderistas que eran secretarios de Estado en el gobierno de De la Barra. Estos meses se caracterizaron por la ambigüedad, pues había, de hecho, dos autoridades, dos influencias. Por un lado, el gobierno constituido de León de la Barra, por otro, la autoridad moral, la popularidad manifiesta, la influencia política de Madero; y entre ambos, los grupos descontentos, que luchaban por minar la posición de Madero antes de su llegada al gobierno. Entre esos grupos estaban los poderosos, los aristócratas, los industriales, que veían amenazados sus seculares privilegios. Por otra parte, comenzaron a surgir las divisiones en los grupos de la Revolución; unos querían a Vázquez Gómez como vicepresidente; otros, entre ellos Madero, a Pino Suárez. En consecuencia, los problemas no se atacaban en forma resuelta; quedaba el de las fuerzas revolucionarias disueltas, cuyos jefes habían quedado insatisfechos; el problema agrario, el problema del ejército y muchos otros, para los cuales se adoptaban soluciones provisionales, sometidas a los compromisos circunstanciales. El licenciado Federico González Garza, uno de los más cercanos amigos de Madero, le escribía cartas en las que le advertía los peligros que notaba; en relación con la labor difamatoria de la prensa, le decía: "lo estamos viendo en la reprensible conducta de todos los periódicos de la capital, con excepción de uno o dos, los cuales parece que han olvidado que es usted el salvador de un pueblo, según es de ver cómo están sembrando la alarma y la desconfianza en el seno de las masas exagerando dolosamente el asunto más insignificante y provocando rencores entre ambos ejércitos (el revolucionario y el federal). Usted está perdiendo prestigio porque no se le considera bastante enérgico para dominar a los numerosos elementos anárquicos cuya agitación va siendo cada vez mayor."

Quien posiblemente mejor describió esos meses del gobierno de De la Barra fue el licenciado Manuel Calero, en su libro *Un decenio de la política mexicana*, en el que decía que ese periodo se desarrolló: "en medio del desorden más lamentable en la política general incoherente y sin rumbo, y con sublevaciones por doquiera, reveladoras de la espantosa indisciplina que suscitara la Revolución, pasamos al angustioso periodo del interinato, siempre con la pueril esperanza de que, «cuando la Revolución se hiciera Gobierno» según el clisé consagrado, el país volvería a alcanzar una condición de equilibrio."

Mientras tanto la campaña política continuaba en todo su apogeo. El 1o. de octubre fueron las elecciones primarias y el 15 las secundarias. De los partidos políticos, el Constitucional Progresista postuló para Presidente y Vicepresidente a Madero y Pino Suárez; el Antirreeleccionista a Madero y a Vázquez Gómez, y el Católico a Madero y a De la Barra. El triunfador fue el primero, es decir, la planilla Madero-Pino Suárez. Por fin, el 6 de noviembre ocupó Madero la silla presidencial.

*El C. Venustiano Carranza. Primer Jefe
del Ejército Constitucionalista y
Encargado del Poder Ejecutivo, durante
la Revolución.*

3

El Gobierno de Francisco I. Madero. Problemas durante su gestión. El zapatismo. El intento de sublevación del general Bernardo Reyes. La rebelión orozquista (marzo-julio 1912). La sublevación de Félix Díaz en Veracruz (octubre 1912). La Decena Trágica. Febrero de 1913. La muerte de Madero y Pino Suárez. Ascenso al poder del general Victoriano Huerta.

Pocas veces en la historia de México se ha iniciado un gobierno con tan buenos auspicios como el de don Francisco I. Madero. Llegaba al poder un hombre con una popularidad enorme; todo parecía indicar que se abría una nueva etapa llena de realidades para el pueblo mexicano, que despertaba después de un letargo de más de treinta años. La democracia al fin sería una realidad y no tan sólo una utopía. Sin embargo, no todo era color de rosa. Existía descontento entre los revolucionarios; se decía que Madero no había cumplido con lo que había prometido durante la Revolución; que la clase alta, es decir, la clase reaccionaria, permanecía intacta; que el ejército federal no había sido disuelto, sino al contrario, habían sido licenciadas las fuerzas revolucionarias.

La prensa, como ya hemos dicho en el capítulo anterior, apoyada por elementos conservadores había hecho una feroz campaña de desprestigio contra el Presidente Madero y algunos de sus allegados. Sin embargo, Madero, hombre bueno e idealista, creyente de las grandes causas, tenía fe en que podría conducir a México por el camino de la prosperidad y la justicia. Desgraciadamente se encontraba equivocado. Fuerzas encontradas se le oponían y, a través de la aparente calma, hervían en toda la República las pasiones innobles, que iban a traer como consecuencia la muerte de Madero, a quien se ha llamado con justicia, "El Apóstol de la Democracia". Posiblemente uno de sus más grandes defectos fue su constante optimismo, el cual le impidió ver con claridad la confusa situación que él había desatado. En suma, Madero no pudo juzgar con claro juicio los gigantescos problemas de un país que durante 33 años había estado sujeto a un gobierno férreo y que de pronto despertaba a una libertad que no sabía ejercer.

A principios de noviembre de 1911 se inició el gobierno de Madero. El Presidente integró su gabinete con las siguientes personas: En Relaciones Exteriores, Manuel Calero; en Gobernación, Abraham González; en Hacienda y Crédito Público, Ernesto Madero (su tío); en Guerra y Marina, José González Salas; en Justicia, Manuel Vázquez Tagle; en Industria, Rafael L. Hernández; en Comunicaciones y Obras Públicas, Manuel Bonilla y en Instrucción Pública, Miguel Díaz Lombardo.

Desde los primeros días del nuevo gobierno comenzaron las dificultades. Como ya hemos comentado en el capítulo anterior, Zapata no quiso reconocer a Madero y proclamó el Plan de Ayala; la prensa desató una campaña contra el gobierno; sus antiguos seguidores, desconfiados, no veían con buenos ojos cómo se desarrollaba el gobierno, pues querían medidas más radicales, querían ver que fueran aplicados los postulados revolucionarios. Pero Madero, sordo a esos clamores, continuaba por el camino que él creía era el recto. El licenciado Manuel Calero, miembro de su gabinete y posteriormente Embajador en los Estados Unidos de América, en su ya citada obra *Un decenio de política mexicana*, describe así a Madero: "...era liberal y demócrata y en estos dos conceptos, tomados en toda su amplitud, estábamos de acuerdo. En lo que tendríamos que disentir, a juzgar por su conducta durante el interinato, era en los procedimientos de su Gobierno; pero yo esperaba que los suyos se modificarían a medida que fuera percatándose de las responsabilidades que traía consigo su función de Presidente de la República. Cierto que Madero iba al gobierno con la cabeza hinchada de fórmulas vanas; que su voluntad incierta estaba sujeta a violentos giros e inesperadas reversiones; que no tenía conocimiento de los hombres; ni estudios de administración, ni experiencia política; pero a trueque de estas deficiencias su corazón rebosaba en patriotismo, benevolencia y honradez." En términos generales, creemos que se puede aceptar el juicio de Calero.

Una de las figuras que por aquellos meses finales del año de 1911, resurgió en la política, fue el general Bernardo Reyes, del cual ya hemos hablado. Este hombre, que en su época fue bastante popular, había perdido para aquella época la estimación del pueblo, pues había tenido el coraje suficiente para oponerse políticamente al general Díaz, posiblemente porque se había desarrollado política y militarmente bajo el largo gobierno del vencedor del 2 de abril; pero el hecho es que su popularidad había disminuido notablemente. Sin embargo, sus seguidores le hicieron creer que aún podía ocupar la presidencia de México; pero tal cosa era ya solamente posible a través de medios violentos, puesto que Madero había sido elegido democráticamente. Una de las personas que más influyó en el ánimo del general Reyes, fue su hijo Rodolfo, quien odiaba vehementemente a Madero. A finales del mes de septiembre, el general Reyes abandonó el país sigilosamente dirigiéndose a los Estados Unidos; se quedó en San Antonio, Texas, a donde pronto se le unió su hijo Rodolfo. En dicha ciudad y en unión de un grupo de partidarios, decidió rebelarse contra el gobierno de Madero, para lo cual comenzó a comprar armas, caballos y municiones. El gobierno americano se dio cuenta de esos preparativos y aprehendió a un número considerable de los partidarios de Reyes, embargando armas, municiones y demás pertrechos de guerra. Desesperado, el viejo general se dirigió a Matamoros y con unos cuantos seguidores cruzó la frontera el 13 de diciembre de 1911. Previamente había publicado un Manifiesto y Plan Revolucionario, expedido en el rancho "La Soledad", estado de Tamaulipas, aunque en realidad, dicho documento fue elaborado en San Antonio. Eligió también su gabinete, nombrando a los señores Alonso Mariscal y Piña como Secretario de Relaciones Exteriores; en Gobernación a Manuel Garza Aldape; en Hacienda, a Fernando Ancira y a su hijo Rodolfo, en Justicia.

Ya en territorio nacional, Reyes se dio cuenta de que los cientos de partidarios que él suponía lo iban a estar esperando eran tan sólo una fantasía; poco después, los escasos seguidores que tenía, lo abandonaron. Seguido de unos cuantos fieles, entre los que estaban David Reyes Retana, Miguel Quiroga y Santos Cavazos, sostuvo un tiroteo cerca del rancho "La Parrita", con las fuerzas del coronel Ignacio Naranjo; este incidente hizo que sus escasos acompañantes emprendieran la desbandada. La noche del mencionado tiroteo llegó un hombre a caballo, solo, al cuartel de los rurales de la población de Linares, Nuevo León, y solicitó hablar con el comandante, teniente Plácido Rodríguez; una vez en presencia de éste le dijo: "Soy el general Bernardo Reyes y vengo a entregarme a las autoridades, yo soy el único culpable y deseo asumir toda la responsabilidad de este asunto. Pido perdón para los hombres que me siguieron, para mí nada quiero, más que se me juzgue con la ley." Solicitó comunicarse con su viejo amigo, el general Jerónimo Treviño, a quien dirigió el siguiente mensaje: "Hice un llamamiento al ejército y al pueblo y ninguno contestó; esta actitud la considero como una protesta y estoy resuelto a no continuar esta guerra contra el gobierno. Me pongo a la disposición de usted." El general Treviño contestó dando orden para que el general

Reyes quedara libre en Linares, bajo palabra de honor.

En la ciudad de México, en Consejo de Ministros se acordó que el general Reyes fuera traído a la capital y se le instruyera Consejo de Guerra. El general Reyes fue trasladado a la prisión militar de Santiago Tlaltelolco, donde fue acusado del delito de rebelión. Poco después le hicieron compañía el licenciado Reyes Retana y su hijo Rodolfo. Meses después se llevaría a cabo su proceso, en el que fue condenado a muerte, sentencia que no fue ejecutada, porque Madero, bondadosamente, le perdonó la vida. El gobierno había salido airoso de este primer intento de sublevación, lo cual era muy importante debido al innegable prestigio de que gozaba dentro del ejército el general Reyes. Parecía pues, que el señor Madero había logrado sortear el primer escollo con exito. El ilustre escritor José Vasconcelos, en su obra *Ulises Criollo*, dice sobre este episodio de la vida del señor Madero: "Le dolía la humillación de sus enemigos y hubiera deseado abrirles el presidio y también la anchura inmensa de sus pequeños brazos." Bello concepto que refleja la actitud siempre bondadosa del Apóstol de la Democracia.

Pero mientras tanto, otra sublevación más grave se gestaba en el norte del país. Pascual Orozco, el antiguo arriero convertido en general, se encontraba profundamente resentido contra Madero. No había podido ser gobernador de Chihuahua, como era su deseo, y se había dejado dominar por las insinuaciones de la clase rica de Chihuahua. Se decía, que en 1910, el estado de Morelos pertenecía a veintisiete familias, pero que el extenso estado norteño de Chihuahua, pertenecía a una sola: a la familia Terrazas, emparentada con otra poderosísima familia, la de Creel. Estas familias, representantes típicas de la reacción y con poderosos medios económicos, comenzaron a minar el terreno al gobierno; principiaron por atacar a don Abraham González, Secretario de Gobernación del nuevo gobierno. También halagaron la vanidad rústica de Orozco, lo hicieron alternar con la sociedad chihuahuense y lo convencieron, finalmente, de que debía desconocer al gobierno de la República.

Se comenzaron a hacer los preparativos. Se hizo propaganda entre antiguos revolucionarios, se convenció a las fuerzas rurales. Cuando se suponía que ya todo estaba listo, Pascual Orozco presentó su renuncia al cargo de comandante de la Zona Rural, el 26 de enero de 1911. Pocos días después cayó Ciudad Juárez ante la guarnición que se sublevó; en Chihuahua se desconoció al gobernador interino, liberándose al general Antonio Rojas, activo partidario del licenciado Emilio Vázquez Gómez. La gravedad de la situación obligó al gobierno a enviar a don Abraham González, con el fin de llegar a un acuerdo con los rebeldes o, en caso contrario, abatirlos. Todo el mes de febrero fue de constante agitación en Chihuahua; los elementos vazquistas ocuparon la capital del Estado, la importante plaza de Ciudad Juárez y otros puntos de menor importancia. El 3 de marzo, Pascual Orozco se quitó la careta y desconoció abiertamente a Madero, su antiguo jefe y protector.

Los principales sectores sociales de la capital chihuahuense dieron su apoyo a Orozco, ya que la mayoría de las clases ricas odiaban a Madero y despreciaban al gobernador González. Las fuerzas con que

Soldados Federales y civiles
abordando un convoy, con ellos
la inseparable "soldadera".

contaba en un primer momento Orozco eran 600 hombres que estaban bajo sus órdenes y 150 en Casas Grandes. Como era la costumbre, se publicó el consabido Plan, llamado de la Empacadora; en él se decía que se lucharía por el triunfo del Plan de San Luis, del de Tacubaya y del de Ayala, aunque presentaba algunas novedades en sus 37 puntos. Una de ellas era la acusación a Madero de haberse vendido al capital estadunidense; la segunda se refería al aspecto laboral, en el que se prevenían mejoras para transformar la condición de la clase obrera; la tercera se refería al problema agrario, en el que de cierta forma suavizaba los postulados del Plan de Ayala. El Plan de la Empacadora estaba firmado por los principales jefes revolucionarios maderistas como José Inés Salazar, Emilio Campa, Benjamín Argumedo, Cheché Campos y otros. Por otra parte, se proclamó a Orozco Generalísimo del Ejército Revolucionario. El 8 de marzo se enviaron dos trenes desde la ciudad de Chihuahua, los cuales llevaban la vanguardia de las fuerzas rebeldes, con destino a Jiménez.

Mientras tanto, en la ciudad de México, el Secretario de Guerra, general José González Salas, presentó su renuncia al cargo y pidió al Presidente de la República utilizara sus servicios para combatir a los rebeldes de Chihuahua. Madero aceptó el ofrecimiento y lo nombró comandante de la División del Norte. El general Angel García Peña sustituyó al general González Salas en la Secretaría de Guerra.

La División del Norte federal quedó organizada con un efectivo aproximado de 2,150 hombres, organizados en tres brigadas, una de infantería y dos de caballería a las órdenes de:

1. Brigada de Infantería al mando directo del general González Salas.
2. Primera Brigada de Caballería, al mando del general brigadier Fernando Trucy Aubert, y
3. Segunda Brigada de Caballería, al mando del general brigadier Joaquín Téllez.

Como Jefe del Estado Mayor de la división figuraba el mayor Nicolás Martínez. El día 8 de marzo salieron de la ciudad de México con rumbo a Chihuahua, siendo despedidos en la estación del ferrocarril por el Presidente Madero.

Los rebeldes, al mando del general José Inés Salazar, y con un efectivo de 3,000 hombres y 4 piezas de artillería, se encontraban en el poblado de Jiménez. Sabedor de esto, el general González Salas salió de la plaza de Torreón a Jiménez con la brigada de infantería y la caballería el 20 de marzo. El 24 de marzo llegaron a las proximidades de Jiménez, en donde se le informó al comandante federal que las tropas del gobierno habían sostenido un tiroteo con las avanzadas rebeldes. "¿Y dónde estamos?", preguntó el general, asomándose desde una ventanilla del carro del tren. "En Rellano, señor", contestó un oficial, "en el kilómetro 1313". "¡Qué número!", contestó el general con una sonrisa.

Mientras esto sucedía, los orozquistas, al mando del general Emilio Campa, habían preparado una locomotora cargada de dinamita, a la que llamaban "máquina loca", y aprovechando la pendiente del terreno, la lanzaron a toda velocidad hacia el sur. El escritor Rafael F. Muñoz en su libro *Se llevaron el cañón para Bachimba*, nos describe la escena: "Poco después, en lo inmenso de la llanura, hacia donde había partido la locomotora, se elevaba una llamarada roja, como si un pedazo de sol hubiera caído sobre los rieles, seguida de una formidable explosión." La máquina, en efecto, chocó contra los trenes federales, causando un gran número de muertos y heridos entre los soldados del 6o. Batallón y algunos entre los zapadores. Al oírse la explosión, desembarcaron las tropas del 20o., 29o. y 33o. Batallones, así como la batería de artillería de montaña y se enfrentaron a las tropas orozquistas que, al mando de Campa, ocupaban los cerros que forman el cañón de Rellano, en cuya salida norte se encuentra la estación "Rellano" del ferrocarril Central.

Las tropas federales no pudieron contener el avance de los rebeldes, por lo que a la 1:30 de la tarde, el general González Salas ordenó el repliegue de la infantería y una hora más tarde comenzó la retirada hacia Torreón. El general González Salas, abrumado por el peso de la derrota y en un acto de pundonor militar, se suicidó al llegar a la estación "Bermejillo" en el carro pullman que ocupaba.

El Presidente Madero nombró al general de brigada Victoriano Huerta nuevo comandante de la División del Norte, quien había mandado la escolta que acompañó al general Díaz cuando salió al destierro. Huerta había estado al frente de las tropas federales que combatían contra Zapata en Morelos, pero a petición del propio Madero, el presidente interino León de la Barra había relevado a Huerta, ya que se decía que llevaba la campaña con exceso de crueldad. El general Huerta, una figura muy importante en esta historia, es descrito por un testigo de aquella época en la siguiente forma:

"El general Victoriano Huerta era un hombre de estatura poco menos que mediana, de anchísimas espaldas, cargado de hombros y estrecho de cintura, largo de brazos y corto de piernas. Era huichol de pura raza y sus rasgos fisonómicos lo proclamaban, traía el pelo a rape. Causaba el general Huerta en quienes lo veían una impresión indefinible. Desde luego era una personalidad, sentíase uno ante alguien, pero también sentía uno que a ese hombre algo le faltaba para ser completo, algo que ya no tenía o que jamás había tenido. Era impenetrable como todos los indios, locuaz como pocos de ellos y sus ojos enigmáticos se ocultaban siempre tras gruesas gafas, a veces de color azulado o amarillo. Una extraña inquietud agitaba de continuo aquel poderoso organismo; súbitos giros de cabeza, movimientos bruscos de manos y piernas. Sus palabras se contenían en ciertas ocasiones y se precipitaban otras, su entonación era monótona. Sus profesores y condiscípulos hablaban de su claro talento y de sus buenos estudios; sus amigos, de su alegría y de sus trampas, y los hombres cultos que lo trataban, de una increíble ignorancia que parecía indicar total olvido de lo estudiado. Pero todos convenían en su viveza, en su desconfianza, en su suspicacia."

Por otra parte, el entonces embajador de Cuba en México, Márquez Sterling, lo describe así: "El nuevo contrincante de Orozco, había nacido en el estado de Jalisco, militar de escuela, inteligente, ambicioso, reposado, astuto, frío, un tanto escéptico, bebedor sempiterno, era el prototipo del soldado hispanoamericano de mediados del siglo XIX."

El viernes 19 de abril, partió Huerta de la Estación de Buenavista hacia Torreón, donde estaba el grueso de la División del Norte, que había sido convenientemente reforzada y que ahora tenía un efectivo de 4,800 hombres. En esta ocasión figuraba entre sus fuerzas la Brigada Villa, al mando del brigadier irregular Francisco Villa, con un total de 700 hombres montados; entre sus jefes, figuraban Tomás Urbina, el famoso "compadre", Manuel Chao y Maclovio Herrera, quienes después tendrían una destacada actuación en la Revolución. Además, se contaba con una poderosa artillería, arma que iba a ser decisiva en las operaciones; estaba al mando de un distinguido artillero, el teniente coronel Guillermo Rubio Navarrete y disponía de 16 piezas de 75 mm., 8 piezas de 70 mm. y 8 ametralladoras. Entre los oficiales de artillería, figuraba el capitán Enrique Gorostieta, que andando los años, sería el general en jefe del Ejército Cristero (1926-1929).

Con esta nueva fuerza, el general Huerta libró el combate de Conejos, Durango (12 de mayo de 1912), donde fueron derrotados los orozquistas, causándoseles importantes bajas (400 muertos y 200 heridos), así como un importante botín de guerra. Las tropas federales victoriosas prosiguieron su avance hasta llegar a la fatídica estación de Rellano, escenario de la derrota anterior. En ese lugar los días 22 y 23 de mayo de 1912, las tropas federales tomaron cumplida venganza de sus oponentes, a quienes derrotaron una vez más; los orozquistas nuevamente tuvieron fuertes bajas (650 hombres) así como parte numerosa de su caballada. Pascual Orozco se retiró hacia Jiménez, destruyendo la vía férrea.

Unos días después se suscitó un incidente que pudo tener grandes consecuencias en la historia de la Revolución. El general Huerta ordenó que Francisco Villa fuera fusilado debido a una aparente insubordinación motivada por la captura de una yegua, animal que Villa no quería devolver. Villa fue llevado ante el pelotón de fusilamiento, pero gracias a la intervención del general Emilio Madero, del teniente coronel Raúl Madero (hermanos del Presidente) y del teniente coronel Rubio Navarrete, la ejecución fue suspendida en el último minuto. Huerta decidió enviarlo a México para que fuera juzgado por el delito de insubordinación. El destino había puesto en manos de Huerta al hombre que iba a ser factor primordial de su derrota posterior; pero así se escribe la historia, y perdonó la vida de Villa sin imaginar que un año después, otra División del Norte, la villista, le estaría causando graves derrotas. Curiosamente, Villa también tuvo en sus manos a Obregón, al que también quiso fusilar, pero le perdonó la vida; poco después Obregón, en Celaya, cavaba la tumba del villismo.

Sucedió después el combate en La Cruz, Chihuahua (16 de junio de 1912), en el que también fueron derrotados los generales orozquistas Rojas y Luis Fernández. Los días 3 y 4 de julio de 1912, ocurrió el epílogo de esta sublevación. En el Cañón de Bachimba, del estado de Chihuahua, se libró la batalla decisiva; ahí Pascual Orozco se estableció con 6,000 hombres y 4 piezas de artillería. En esta acción las tropas federales derrotaron completamente a los rebeldes orozquistas, que tuvieron un alto número de bajas, entre muertos y heridos, dejando, además, un considerable botín entre prisioneros y material de guerra. Pocos días después, el 7 de julio, entró victoriosa la División del Norte Federal en la ciudad de Chihuahua. Los orozquistas, al mando de su jefe, se retiraron a Juárez, ciudad que fue evacuada el 20 de agosto de 1912. Con esto, la rebelión orozquista terminaba, aunque todavía algunos grupos incursionaron sin el menor éxito en el estado de Sonora. Todavía el 31 de julio de ese año tuvieron un encuentro con las tropas del general federal Agustín Sanginés, a cuyas órdenes estaba el 4o. Batallón Auxiliar de Sonora, al mando del teniente coronel "irregular" Alvaro Obregón, quien tendría un papel muy importante en capítulos posteriores. Por aquellos años, Obregón tenía 32 de edad y era "...de estatura y cuerpo regulares, blanco, de bigote fino, robusto y jovial y tenía popularidad. Se improvisó militar, porque otros maderistas le echaron en cara no haber tomado las armas en 1910..."

Con las acciones antes referidas el gobierno de Madero había quedado a salvo; el general Huerta regresó a México convertido en una figura popular. Una vez más el Presidente cometió un grave error. Huerta no fue ascendido a divisionario como él lo esperaba y como era justo, lo cual despertó odio y rencor hacia el Presidente Madero, que seguía gobernando al país con un optimismo que distaba mucho de ser el reflejo de la situación que vivía el país. El descontento cundía, la decepción se extendía y las fuerzas conservadoras se aliaban para derrocar a Madero que, si bien pudo haber tenido muchos errores, fue un hombre de indiscutible buena fe. Su bondad y su deseo apasionado de luchar por el pueblo mexicano quedó mostrado incluso con el sacrificio de su vida. Si hubo fallas, se debieron a fuerzas más poderosas, a circuns-

El general Emiliano Zapata. Figura indiscutible de la Revolución Mexicana.

tancias que se aliaron para terminar trágicamente con el primer gobierno genuinamente popular y democrático de México.

El 16 de septiembre el Presidente Madero se presentó ante el Congreso a rendir su informe; en él, entre otras cosas, afirmó con su característico optimismo, lo siguiente: "Esperemos que de hoy en adelante México disfrutará de una paz inalterable, porque los principios de la efectividad del sufragio y de la no reelección, conquistados en la Revolución de 1910, serán la mejor garantía del funcionamiento de las instituciones republicanas." ¡Pobre Madero! Qué lejos estaba de sospechar las terribles tormentas de sangre que se cernían sobre el pueblo mexicano; muchos años de sufrimiento, de hambre, de frustración, de injusticia, agobiarían a México, víctima de las pasiones desatadas de algunos malos mexicanos.

La paz que el Apóstol de la Democracia deseaba y esperaba, no tardó en ser nuevamente rota por otro absurdo "pronunciamiento", en esta ocasión a cargo de un singular personaje, el general Félix Díaz, quien irónicamente era llamado el "sobrino de su tío", por serlo del general Porfirio Díaz. Con el advenimiento del gobierno revolucionario, Félix Díaz solicitó su retiro del ejército y se fue a vivir al puerto de Veracruz, en donde se dedicó a conspirar contra el Gobierno. El general Félix Díaz tenía una personalidad discutible, sobre todo porque había hecho su carrera a la sombra de su tío. Obsesionado por la gloria y fama del general Porfirio Díaz, lógicamente no podía estar de acuerdo con el gobierno que había causado su caída y dedicó sus esfuerzos, su fortuna y sus amistades a conspirar contra el gobierno de Madero.

Félix Díaz creía equivocadamente que el ejército lo seguiría como una sola persona, suponiendo una popularidad que estaba muy lejos de tener. Escogió el puerto de Veracruz, entre otras cosas porque en la plaza de Orizaba se encontraba de guarnición el 21o. Batallón de Infantería a las órdenes de su primo, el coronel José María Díaz Ordaz y en el Estado merodeaban algunos levantados en armas, con pequeñas partidas, como Higinio Aguilar y Gaudencio González de la Llave. El día 16 de septiembre se inició el levantamiento en el puerto de Veracruz, después de que el ex general llegó en la madrugada procedente de Veracruz, en unión de su pariente Díaz Ordaz, el 21o. Batallón y algunos elementos del 39o. Cuerpo Rural. Con estas fuerzas capturaron la comandancia militar. Félix Díaz lanzó varias proclamas, unas dirigidas a los veracruzanos, otras al pueblo de México y al ejército nacional, en donde explicaba su actitud y justificaba su acto. Si bien las pocas tropas regulares que guarnecían el puerto secundaron el movimiento, las unidades de la Armada Nacional, al mando del comodoro Maqueo, permanecieron fieles al gobierno, que rápidamente envió una fuerza considerable al mando del general Joaquín Beltrán. Esta concentración de tropas se hizo rápidamente, y ya para el 21 el general Beltrán se había concentrado en Estación Tejería con un efectivo de casi 2,000 hombres y 10 piezas de artillería, además de una considerable impedimenta. La fuerza se organizó en cuatro columnas que atacaron Veracruz el día 23; la plaza no resistió el ataque y rápidamente cayeron en manos del gobierno los principales puntos. El general Valdez, jefe de una de las columnas, llegó hasta el Palacio

Municipal, donde obtuvo la rendición del ex general sublevado. Con este breve combate concluyó el intento de sublevación, derrumbándose rápidamente las absurdas esperanzas que en algún momento tuvo Félix Díaz. El 25 de ese mes, en unión de sus principales seguidores, fue juzgado por un Consejo de Guerra Extraordinario que sentenció, como era lógico, al jefe de la sublevación a sufrir la pena capital. Un grupo de amigos, entre los que estaba el licenciado Rodolfo Reyes (hijo del general Bernardo Reyes) obtuvo, ante la Suprema Corte de Justicia de la Nación, la suspensión del acto, y posteriormente el reo fue trasladado a la ciudad de México. El Presidente Madero, que nunca quiso mancharse las manos con sangre, conmutó la sentencia de muerte. Muy caro iba a pagar el Presidente Mártir estos actos de bondad, pues no iban a pasar muchos meses para que Félix Díaz y Bernardo Reyes, ambos amnistiados por gravísimos delitos militares, fueran factores decisivos para su caída y su alevoso asesinato.

El 24 de enero de 1913 llegó Félix Díaz a la Penitenciaría del Distrito Federal donde fue internado de inmediato. Estaban así, en sendas prisiones, dos actores principales del drama que tendría lugar el siguiente mes; el general Bernardo Reyes, en la prisión militar de Santiago Tlaltelolco, el ex general Félix Díaz en la Penitenciaría. En la ciudad de México había un grupo de intrigantes civiles y ambiciosos generales como Manuel Mondragón, Gregorio Ruiz, Cecilio Ocón, Rodolfo Reyes y otros, que esperaban el momento de caer sobre el gobierno maderista y tras ellos la torva figura de Aureliano Blanquet y del general Huerta, lleno de odio y de rencor hacia Madero.

Desgraciadamente, al finalizar el año de 1912, la situación para el gobierno era sombría. Había grupos levantados en armas en diferentes partes de la República; Emiliano Zapata se rebelaba en Morelos; los grandes grupos oligárquicos trabajaban intensamente por el desprestigio del gobierno; la nefasta actitud y la influencia negativa del embajador norteamericano Henry Lane Wilson, que tenía un odio inexplicable por el Presidente de la República y que desvirtuando su importante cargo, intervino en la política interior mexicana. El licenciado Manuel Calero certeramente sintetizaba la situación de la manera siguiente: "Al terminar el primer año de su gobierno, Madero era el Presidente más impopular que México ha tenido, sencillamente porque ninguno había sido visto con tan poco respeto."

En tales circunstancias se llegó al fatídico año de 1913. El mes de enero transcurría entre rumores y noticias de que se preparaba otro levantamiento, esta vez en la ciudad de México. Comenzaban a rumorarse los nombres de los implicados, los generales Manuel Mondragón y Manuel Velázquez, como partidarios de Díaz; el general Gregorio Ruiz, diputado, partidario de Reyes, y los civiles Espinosa de los Monteros, Ocón, Reyes y otros, que iban de casa en casa preparando el movimiento sedicioso, mientras que aquéllos lo hacían en los cuarteles de la ciudad. En los primeros días de febrero los rumores se hicieron más intensos; el gobierno tomó algunas precauciones, pero desgraciadamente no actuó con la decisión que el caso requería.

El necesario financiamiento del movimiento corría a cargo de algunas personas adineradas, pertenecientes a los círculos "aristocráticos" de la ciudad de México, como los señores Iñigo Noriega, Tomás Braniff, el licenciado Eduardo Tamariz —miembro connotado del Partido Católico—, Gabriel Fernández Somellera, Fernando de Teresa, Manuel León y otros.

Todo se encontraba listo para dar el "cuartelazo". Las cabezas visibles, como hemos anotado antes, eran, en el orden militar: el general de brigada Manuel Mondragón, antiguo Jefe del Departamento de Artillería durante varios años, en la época del general Díaz, con influencia entre los oficiales de aquella arma y que asumió la jefatura de los partidarios felicistas; el general Gregorio Ruiz, veterano de la Guerra de Intervención, antiguo Jefe del Departamento de Caballería y también con influencia entre los oficiales del ejército, aunque en aquella época era diputado federal.

El 9 de febrero se inició la sublevación, conocida en nuestra historia como "La Decena Trágica". Ese día, domingo, se levantó en armas el general Mondragón con una fracción del 1er. Regimiento de Caballería (80 hombres) al mando del coronel Luis G. Anaya; el resto de la corporación se encontraba prestando el servicio de vigilancia en la ciudad de México; una batería de artillería del 2o. Regimiento y otra del 5o. (unos 80 individuos de tropa con 8 cañones de 75 mm.), tropas que se encontraban acantonadas en el cuartel de San Diego en Tacubaya. Con estos efectivos se dirigió Mondragón a la prisión de Santiago Tlaltelolco, donde estaba detenido el general Reyes; en el camino pasó por el cuartel de la Libertad, donde se le incorporó una sección de artillería de montaña, y por el cuartel de Mascarones, donde se le incorporó una

Compañía de Ametralladoras. Sin embargo, estas tropas al mando de los capitanes Romero López y Montaño, se adelantaron dirigiéndose a Tlaltelolco, donde pusieron en libertad al general Bernardo Reyes, una de las principales figuras de la sublevación.

Simultáneamente, en la madrugada de ese domingo, los alumnos de la Escuela Militar de Aspirantes (plantel fundado por el general Bernardo Reyes) se sublevaron en la vecina población de Tlalpan y a bordo de tranvías se trasladaron a la ciudad de México, dirigidos por sus oficiales, capitán Antonio Escoto, Samuel H. Gutiérrez, Santiago Mendoza, De la Mora y otros. En el camino, Escoto pasó al cuartel de San Ildefonso, donde incorporó a una fracción del 20o. Batallón, misma que a las órdenes del capitán Veraza se dirigió hacia el Palacio Nacional, mientras que Escoto lo hacía a la prisión militar de Tlaltelolco. Ya unidos con los generales Mondragón y Ruiz, todos se dirigieron a la Penitenciaría del Distrito Federal, en las calles de Lecumberri, donde liberaron al general Félix Díaz. Todo aquel grupo emprendió la marcha hacia el Palacio Nacional, que suponían ya en poder de los rebeldes. En realidad el general Lauro Villar, comandante de la Guarnición de la Plaza, había ocupado el Palacio con fuerzas leales del 24o. Batallón, relevando y deteniendo a los alumnos de la Escuela de Aspirantes. De inmediato tomó las siguientes disposiciones: colocó dos ametralladoras frente a la puerta central de Palacio, y a los soldados del 20o. Batallón de la puerta central en la puerta Mariana; el resto del frente de Palacio fue cubierto por una fracción del 24o. Batallón, y finalmente, en el costado sur de la Plaza, colocó a 180 hombres del 1er. Regimiento de Caballería. El general Gregorio Ruiz se adelantó a Palacio, creyéndolo en manos de sus compañeros, pero ahí fue capturado por el propio general Villar e introducido a las caballerizas donde fue fusilado; el general Ruiz murió valientemente, pidiendo mandar el pelotón de ejecución. Mientras tanto, el general Reyes, al tratar de marchar hacia el Palacio seguido de sus partidarios, fue muerto por una ráfaga de ametralladora. El licenciado Rodolfo Reyes, en sus memorias, nos describe este dramático momento: "...En tan angustiosos momentos, colocado a la izquierda y un poco atrás de mi padre, estando el doctor Espinosa de los Monteros en la misma línea que él, y a su derecha. Dije a aquél: «Te matan». Al mismo tiempo que él hacía chocar su caballo con una ametralladora, y volviendo la cara me dijo: «Pero no por la espalda». Sonó un tiro aislado, y luego todos los soldados que nos tenían entre ellos mismos, que dudaban, hicieron un fuego nutrido y terrible, funcionando las ametralladoras a boca de jarro. Mi padre se detuvo un momento, agarrado a la crin de su caballo y cayó hacia la izquierda sobre mí, que también caía arrastrado por mi cabalgadura muerta..."

Después de esto se produjo un nutrido tiroteo que ocasionó muchas bajas, principalmente entre los civiles, que curiosos, presenciaban aquel insólito espectáculo. Resultaron muertos, además del general Reyes, el coronel Morelos, comandante del 20o. Batallón, herido el general Villar, así como un número considerable de soldados. Ante el fracaso, los sublevados se retiraron hacia la Ciudadela, grupo de edificios situados en las proximidades de la Cárcel de Belén y que era un importante depósito de armamento

*El general Francisco Villa, comandante
de la División del Norte, entrando a
Torreón. Marzo de 1913.*

y municiones. En ese lugar, pese a la defensa organizada por el general Manuel O. Villarreal, quien murió en la acción, la Ciudadela fue capturada, apoderándose los rebeldes de un importante botín, ya que había más de 55,000 fusiles, 30,000 carabinas, 100 ametralladoras Hotchkiss, 26.000.000 de cartuchos 7 mm., así como otros pertrechos.

En el Castillo de Chapultepec, muy de mañana, el Presidente Madero fue informado de los sucesos, ante lo cual se levantó precipitadamente de la mesa donde desayunaba y exclamó: "¡A Palacio! ¡A Palacio! ¡Es preciso levantar los ánimos del pueblo!" Bajó a la explanada y se ordenó a los cadetes del Colegio Militar que se armaran, a las órdenes del teniente coronel Víctor Hernández Covarrubias. Escoltado por tres compañías de cadetes, Madero se dirigió a Palacio, a donde llegó enmedio de una multitud que lo aclamaba. En Palacio fue recibido por el general Villar, quien fue relevado cuando el Presidente se dio cuenta de que estaba herido. En esos momentos se produjo una designación que fue la setencia de muerte, tanto del Presidente como de su hermano Gustavo, quien insistió en el nombramiento del general Huerta, en sustitución del general Villar. El Presidente cedió, aunque se mostraba reacio y desconfiaba de Huerta. Pero Gustavo Madero argumentó que siendo Huerta el jefe de mayor graduación entre los presentes, debía nombrársele; ante esos argumentos, a Madero no le quedó otro remedio más que acceder. La entrega de la comandancia se hizo en el mismo salón donde curaban al general Villar, y ahí, el general García Peña, Secretario de Guerra, recomendó a su amigo Huerta que se portara bien; éste hizo grandes protestas de lealtad, que pocos días después traicionaba.

Vale la pena insistir en el nombramiento de Huerta, ya que tuvo consecuencias trascendentales para la historia de México. El general García Peña, al referirse al nombramiento del 9 de febrero dice: "Cuando el señor Presidente me dio la orden yo le puse en sus manos mi renuncia que siempre cargaba en la bolsa, y el Presidente me dijo: No puedo creer que un valiente como usted lo ha demostrado ser hoy, me abandone. Y yo le contesté: No lo abandono, nómbreme su Jefe de Estado Mayor, pero quíteme el cargo de Ministro, que sale sobrando desde el momento en que olvidando usted el brindis de Huerta en Paso del Norte, le dispensa usted su confianza. Y entonces me dijo: Y qué quiere usted que haga, si así lo quieren mi papacito y Gustavo. Yo le contesté, viendo su tribulación: Pues friéguese usted y yo junto con ellos."

Con esto se iniciaba la famosa "Decena Trágica", diez trágicos días que iban a conmover hasta sus cimientos a México, diez días de indecible sufrimiento para una población asombrada que no sabía por qué se luchaba, por qué se derramaba tanta sangre, por qué no se buscaba una pronta solución. El Presidente Madero veía transcurrir los días infructuosamente, puesto que el general Huerta no tomaba las medidas enérgicas para derrotar a los sublevados de la Ciudadela. El día 11, Huerta había ordenado un ataque con tropas de caballería montada, rurales del 24o. Cuerpo, los cuales habían sido diezmados por el fuego de la artillería y de las ametralladoras; se dijo que esta fue una acción deliberada de Huerta para eliminar a las tropas leales al gobierno. El día 13 se hizo un nuevo intento con tropas de los 2o. y 7o. Batallones de Infantería, pero éste también fracasó, muriendo el coronel Castillo, comandante del 7o. de Línea. El Presidente Madero, desesperado por la falta de acción, o porque quizá ya presentía la traición, fue a Cuernavaca a traer al prestigiado general Felipe Angeles, quien combatía a los zapatistas en el estado de Morelos. Regresó así a la ciudad de México con 400 soldados y 4 ametralladoras. Todos los intentos contra la Ciudadela fracasaban, lo mismo los ataques de caballería, como los de infantería y artillería.

El día 18 de febrero de 1913 se produjo la aprehensión del Presidente Madero y del Vicepresidente Pino Suárez. Pero veamos cómo se gestó tras bambalinas la traición y cuál fue la nefasta influencia del embajador de los Estados Unidos, Henry Lane Wilson.

Desde el sábado, la Embajada norteamericana, afirmaba Wilson, era "el centro de todas las actividades en favor de la humanidad". Sin embargo, Márquez Sterling, embajador de Cuba, afirmaba todo lo contrario: "Pero honradamente, a mi entender entonces y más tarde, con el testimonio del Ministro de España, señor Cologan, y las numerosas pruebas que el tiempo ha venido acumulando, la Embajada fue y no otra cosa, el centro de una verdadera conjura contra el gobierno y su política, desde antes de la sublevación y sobre todo ahora, la política de las noticias falsas y del falso alarmismo a que son tan dados los criollos y que dio magnífico tributo al desaforado embajador..." Ese mismo día hubo una reunión en la Embajada, a la que acudieron los ministros de Alemania, Inglaterra y España; fueron recibidos por un Wilson pálido, nervioso y excitado que les dijo: "Madero es un loco, un *fool*, un *lunatic*, y debe ser legalmente declarado sin capacidad mental para el ejercicio de su cargo." Y descubriendo sus propósitos y la conjura en que estaba inmiscuido, agregó: "Esta situación es intolerable... y yo voy a poner orden. Cuatro mil hombres vienen en camino y subirán aquí si fuese menester." Era la amenaza cumplida de la intervención extranjera que tantas veces se ha esgrimido contra los países débiles; el 18, unos senadores se presentaron en la casa de Madero a pedirle su renuncia, pero el Presidente con dignidad se negó y les mostró un telegrama del Presidente Taft que decía: "En consecuencia, Vuestra Excelencia estará advertido de que los informes que le han llegado relativos a que ya se han dado órdenes para desembarcar fuerzas, han sido inexactos..." Esto echaba por tierra las maquinaciones de Wilson, pero Huerta seguía trabajando y ordenó que se concentrara en México el 29o. Batallón de Infantería, que a las órdenes de su amigo incondicional, general brigadier Aureliano Blanquet, estaba en Toluca. La unidad se trasladó a la capital y se acantonó en el propio Palacio Nacional. Poco a poco se cerraban las redes sobre el indefenso Presidente Madero.

El 18 de febrero en la mañana, Huerta decidió quitarse la careta y ordenó a Blanquet, su subordinado y cómplice, que capturara al Presidente, aquel envió al segundo comandante del batallón, teniente coronel Jiménez Riveroll con un grupo de soldados, quienes penetraron a las oficinas donde se encontraba Madero. En la parte superior de Palacio se produjo un tiroteo cuando los soldados trataron de aprehender al Primer Mandatario; sus ayudantes, los capitanes Montes y Garmendia, hicieron fuego sobre los aprehensores, matando al teniente coronel Riveroll e hiriendo al mayor Izquierdo; por su parte, éstos lograron disparar y matar al ingeniero Marcos Hernández, primo de Madero. Pero en la confusión, el Presidente había logrado escapar bajando precipitadamente al patio de Palacio; poco antes el general Blanquet había detenido al Vicepresidente Pino Suárez. Madero trataba de ganar la puerta cuando Blanquet lo alcanzó y poniéndole una mano sobre su hombro le dijo que era su prisionero; Madero se revolvió iracundo y logró zafarse a pesar de que Blanquet era un hombre alto y fornido, y ya suelto le dio una bofetada; sin embargo, había mucha gente del 29o. Batallón, estaba también el Jefe del Estado Mayor de Huerta y todos ellos acudieron en auxilio de Blanquet, deteniendo al Presidente, a quien condujeron a un cuartucho conocido como Intendencia de Palacio. La traición se había consumado; el primer gobierno democrático de México se derrumbaba entre la traición. Pero, ¿dónde estaba el autor de este acto que llenó de vergüenza a México? Estaba en el restaurante de moda, "El Bambrinus", con el hermano del Presidente, Gustavo. Cuando supo que todo había sido consumado, salió apresuradamente dejando a Gustavo Madero solo, pero poco después también fue aprehendido. Como a las tres de la tarde llegó Huerta a Palacio y se dirigió a ver a Madero, con quien mantuvo el siguiente diálogo:

"Señor Presidente...", comenzó a decir el traidor. El señor Madero le interrumpió con energía: "¡Ah!, ¿con que todavía soy Presidente...? Huerta trató de reanudar su perorata, y dijo: "Desde el combate de Bachimba..." Madero volvió a interrumpirlo: "Ya era usted traidor." Entonces el pretoriano le dijo: "Ya me voy, sólo vine a saludar a mis prisioneros." El señor Madero le volvió la espalda y diciéndole secamento ¡no!, le rehusó el saludo.

Así se epilogaba este tristísimo episodio de nuestra historia. Pero todavía faltaba la farsa que debía escenificarse esa noche en la Embajada de los Estados Unidos. En efecto, esa noche se dieron cita en aquel lugar Félix Díaz, Mondragón, Rodolfo Reyes, Fidencio Hernández, Enrique Zepeda, Huerta, Joaquín Maass y el embajador, quien dirigía aquel teatro. Se discutió mucho, se concedieron favores espurios, se acordaron canonjías, y por fin, a las 9 de la noche, se publicó lo que los sublevados llamaron El Plan de la Ciudadela, pero que el licenciado Ramón Prida, en su libro *De la dictadura a la anarquía*, llamó justamente "El Pacto de la Embajada". Dicho documento, elaborado en la sede diplomática de Lane Wilson dice: "En la ciudad de México, a las nueve y media de la noche del día dieciocho de febrero de mil novecientos trece, reunidos los señores generales Félix Díaz y Victoriano Huerta, asistidos el primero por los licenciados Fidencio Hernández y Rodolfo Reyes y el segundo por los señores teniente coronel Joaquín Maass, e ingeniero Enrique Zepeda, expuso el señor general Huerta, que en virtud de ser insostenible la situación por parte del gobierno del señor Madero, para evitar más derramamiento de sangre y por sentimientos de fraternidad nacional ha hecho prisionero a dicho señor, a su gabinete y a algunas otras personas; que desea expresar al señor general Díaz sus buenos deseos para que todos los elementos por él representados fraternicen, y todos salven la angustiosa situación actual. El señor general Díaz expresó que su movimiento no ha tenido más objeto que lograr el bien nacional y que en tal virtud, está dispuesto a cualquier sacrificio que redunde en el beneficio de la Patria. Después de las discusiones del caso, entre los presentes arriba señalados, se convino en lo siguiente:

Primero: Desde este momento se da por inexistente y desconocido el Poder Ejecutivo que funcionaba, comprometiéndose los elementos representados por el general Díaz y por el general Huerta a impedir por todos los medios cualquier intento para el restablecimiento de dicho poder.

Segundo: A la mayor brevedad se procurará solucionar en los mejores términos legales posibles la situación existente, y los señores generales Díaz y Huerta pondrán todos sus empeños a efecto de que el segundo asuma, antes de setenta y dos horas, la Presidencia Provisional de la República con el siguiente Gabinete: Relaciones Exteriores, Lic. Francisco León de la Barra; Hacienda, Lic. Toribio Esquivel Obregón; Guerra, Gral. Manuel Mondragón; Fomento, Ing. Alberto Robles Gil; Gobernación, Ing. Alberto García Granados; Justicia, Lic. Rodolfo Reyes; Instrucción Pública, Lic. Jorge Vera Estañol; Comunicaciones, Ing. David de la Fuente. Será creado un nuevo ministerio que se encargará de resolver la cuestión agraria, denominándose de Agricultura y encargándose de la cartera respectiva el licenciado Manuel Garza Aldape.

Tercero: Entre tanto se soluciona y resuelve la situación local, quedan encargados de todos los elementos y autoridades de todo género, cuyo ejercicio sea requerido para dar garantías, los señores generales Huerta y Díaz.

Cuarto: El señor general Díaz declina el ofrecimiento de formar parte del Gabinete provisional en caso de que asuma la Presidencia provisional el general Huerta, para quedar en libertad de emprender sus trabajos en el sentido de sus compromisos con su partido en la próxima elección, propósito que desea expresar claramente y del que quedan bien entendidos los firmantes.

Quinto: Inmediatamente se hará la notificación oficial a los representantes extranjeros, limitándola a expresar que ha cesado el Poder Ejecutivo, que se provee a su sustitución legal, que entre tanto, quedan con toda la autoridad del mismo los señores generales Díaz y Huerta y que se otorgarán todas las garantías procedentes a sus respectivos nacionales.

Sexto: Desde luego se invitará a todos los revolucionarios a cesar en sus movimientos hostiles, procurándose los arreglos respectivos. Firmados. El general Victoriano Huerta. El general Félix Díaz."

Con este importantísimo documento se sellaba oficialmente la traición de Huerta, uniéndose a los sublevados de la Ciudadela. Pocas horas después de este vergonzoso pacto, en la Ciudadela se consumaban atroces ejecuciones. Don Gustavo Madero fue sanguinariamente destrozado por una turba enloquecida de odio, y don Adolfo Bassó, ex intendente de Palacio, fue fusilado, acusándolo de haber disparado una de las ametralladoras el día 9.

Al día siguiente, Huerta envió un telegrama que había de ser histórico por varias razones; en él se decía: "Autorizado por el Senado, he asumido el poder ejecutivo, estando presos el Presidente y su gabinete." Este telegrama iba a tener mucha resonancia en Coahuila y Sonora, donde iba a nacer la Revolución Constitucionalista que acabaría con el poder espurio de Huerta.

Ese mismo día, se logró obtener las renuncias de los señores Madero y Pino Suárez; el primero escribió la suya a lápiz y decía: "Ciudadanos Secretarios de la H. Cámara de Diputados: En vista de los acontecimientos que se han desarrollado de ayer acá en la Nación y para mayor tranquilidad de ella, hacemos formal renuncia de nuestros cargos de Presidente y Vicepresidente respectivamente para los que fuimos elegidos. Protestamos lo necesario. México, 19 de febrero de 1913. Francisco I. Madero, José M. Pino Suárez. Rúbricas." Las renuncias fueron enviadas de inmediato a la Cámara de Diputados, que las aceptó, quedando como Presidente el licenciado Pedro Lascuráin, que era Ministro de Relaciones Exteriores, cargo en el que duró tan sólo cuarenta y cinco minutos, tiempo necesario para designar Secretario de Gobernación al general Victoriano Huerta y renunciar de inmediato, con el fin de poder quedar investido del cargo de Presidente interino de México.

Mientras tanto, los ilustres prisioneros, Madero y Pino Suárez, continuaban en el pequeño cuarto de la Intendencia de Palacio; a ellos se les había unido el general Felipe Angeles. En esos momentos el señor Márquez Sterling hacía ímprobos esfuerzos por salvar la vida de los ex mandatarios. Este noble diplomático cubano cuya actitud contrastaba tan grandemente con la del norteamericano Lane Wilson, pidió a su país un barco de guerra, el crucero "Cuba", a fin de que en él fueran embarcados con sus familias los señores Ma-

*El entonces coronel Alvaro Obregón,
como comandante del 4o. Batallón
irregular de Sonora. Acompañado de dos
de sus oficiales.*

dero y Pino Suárez. También las familias luchaban infructuosamente por salverles la vida; la señora Sara Pérez de Madero acudió al embajador Lane Wilson y le dijo: "Quiero que usted emplee su influencia para salvar la vida de mi esposo y demás prisioneros." Lane Wilson miró fijamente a la suplicante, y respondió: "Esa es una responsabilidad que no puedo echarme encima ni en mi nombre ni en el de mi gobierno", y agregó casi entre dientes: "Su marido no sabía gobernar; jamás pidió ni quiso escuchar mi consejo."

Los días corrían angustiosamente para los prisioneros y sus familias, hasta que llegó el 22; esa noche, a las diez, se presentaron en el cuarto que servía de prisión, el coronel Joaquín Chicarro y el mayor de rurales Francisco Cárdenas y les dijeron: "Señores, levántense." "¿A dónde vamos?", preguntó Madero, incorporándose sorprendido.

"Los llevamos fuera… a la Penitenciaría", repuso Cárdenas. Madero y Pino Suárez se apresuraron a cumplir la orden, se despidieron del general Angeles y salieron hacia donde los esperaban dos carros negros; a Madero lo acompañaba Cárdenas y a Pino Suárez, el cabo de rurales Pimienta. Los carros partieron rumbo a la Penitenciaría y al llegar a los llanos de la Escuela de Tiro, se fingió un asalto, en el que un grupo de partidarios de los ex mandatarios querían liberarlos, por lo cual los hicieron bajar de los vehículos. En el momento en que Madero era sacado a la fuerza por Cárdenas, éste desenfundó la pistola y le dio un tiro en la nuca, matándolo instantáneamente. Madero se desplomó sin lanzar un grito. Mientras tanto, en el vehículo en que venía Pino Suárez se desarrollaba otro drama, pues el ex vicepresidente se dio cuenta de que lo iban a asesinar y logró correr, sin embargo, fue alcanzado por un disparo de Pimienta.

A las once y media de la noche del 22 de febrero, habían muerto físicamente los señores Madero y Pino Suárez, pero habían entrado a la inmortalidad de la Historia de México, pues con el sacrificio de sus vidas señalaban a los mexicanos un camino hacia la democracia y la justicia social. Años después Francisco Cárdenas se suicidó en la ciudad de Guatemala cuando fue detenido a petición del gobierno de México e iba a ser extraditado. Pimienta, que llegó a general, fue fusilado por otras causas ajenas al crimen que cometió. En esta forma subió al poder el general Huerta, iniciando un gobierno efímero, que duraría hasta el mes de agosto de 1914.

4

La Revolución Constitucionalista. Venustiano Carranza desconoce a Huerta. 19 de febrero de 1913. El Plan de Guadalupe. Primeras operaciones revolucionarias. Alvaro Obregón en Sonora. Francisco Villa en Chihuahua. El zapatismo.

Recordemos que el 18 de febrero de 1913, el general Huerta envió un telegrama-circular a todos los gobernadores, que decía: "Autorizado por el Senado, he asumido el Poder Ejecutivo, estando presos el Presidente y su Gabinete." Este mensaje fue recibido en las diferentes capitales de los Estados de la República, donde todos los Gobernadores —con la excepción de uno— lo aceptaron, incluso aquellos que eran de extracción revolucionaria o maderista, como el doctor Rafael Cepeda de San Luis Potosí, Miguel Silva de Michoacán o el licenciado Manuel Mestre Gigliazza de Tabasco. La excepción fue don Venustiano Carranza, Gobernador de Coahuila, quien no aceptó y al día siguiente, 19 de febrero, se dirigió al Congreso del Estado y le dijo que "...como el Senado no tiene facultades para designar al Primer Magistrado de la Nación, no pudo legalmente autorizar al general Victoriano Huerta para asumir el Poder Ejecutivo, y en consecuencia, el expresado general no tiene legítima investidura de Presidente de la República."

Con la misma fecha, el Congreso de Coahuila publicó un Decreto, histórico por dos razones. Primera, en él se desconocía al general Huerta en su carácter de Presidente Interino de la República, y segunda, se autorizaba al Ejecutivo Estatal —Carranza— a armar fuerzas; es decir, fue el decreto que creó el actual Ejército Mexicano. Por ser un documento básico para la Historia de la Revolución, lo reproducimos a continuación:

"VENUSTIANO CARRANZA, Gobernador Constitucional del Estado libre y soberano de Coahuila de Zaragoza, a sus habitantes, sabed: que el Congreso del mismo ha decretado lo siguiente:

El XII Congreso Constitucional del Estado libre, independiente y soberano de Coahuila de Zaragoza, decreta:

Número 1495.

Artículo 1o. Se desconoce al general Victoriano Huerta en su carácter de Jefe del Poder Ejecutivo de la República, que dice él le fue conferido por el Senado y se desconocen también todos los actos y disposiciones que dicte con ese carácter.

Artículo 2o. Se conceden facultades extraordinarias al Ejecutivo del Estado en todos los ramos de la Administración Pública para que suprima los que crea convenientes y proceda a armar fuerzas para coadyuvar al sostenimiento del orden constitucional en la República.

Económico. Excítese a los gobiernos de los demás Estados y a los Jefes de las Fuerzas Federales, Rurales y Auxiliares de la Federación para que secunden la actitud del gobierno de este Estado.

Dado en el Salón de Sesiones del H. Congreso del Estado, a los diecinueve días del mes de febrero de mil novecientos trece. A. Barrera (Rúbrica) Gabriel Calzada (Rúbrica) Sánchez Herrera (Rúbrica). Imprímase, comuníquese y obsérvese. Saltillo, 19 de febrero de 1913."

Antes de tomar esa decisión, Carranza reunió a un grupo de personas en su domicilio particular, según lo refiere el licenciado Manuel Aguirre Berlanga en su obra *Génesis legal de la Revolución Constitucionalista,* en la que dice: "...reunió en su domicilio particular ese mismo día, a varios diputados locales, al teniente coronel de E.M. Luis G. Garfias y al capitán 1o. técnico de artillería, Jacinto B. Treviño, quienes perteneciendo al Estado Mayor del Presidente Madero, se hallaban en Saltillo con la misión de organizar las tropas irregulares del Estado, además de otras personas de confianza. En esa reunión expresó que a su juicio, el Senado carecía de autoridad constitucional para nombrar Presidente de la República, suplir al electo popularmente y facultar a nadie para aprehender a los primeros magistrados de la nación y que por lo tanto, era una obligación ineludible del gobierno coahuilense desconocer y reprobar inmediatamente semejantes actos, de tal manera que si resultaba preciso recurrir al extraño expediente de las armas y hacer una guerra más cruenta que la de Tres Años, para lograr la restauración del orden legítimo, la gravedad del caso no arredraría a ningún ciudadano amante de su patria."

Veamos ahora cuáles eran las fuerzas de que disponía Carranza, ese día 19 de febrero, para iniciar la lucha contra el ejército del general Huerta:

Tte. Cor. Irregular Francisco Coss, que se hallaba en Saltillo con 30 de tropa. Tte. Cor. de E.M.E. Luis G. Garfias con el 25o. Regimiento Auxiliar de la Federación (en organización) y que contaba con 200 plazas. Tte. Cor. Irregular, Jesús Carranza, su hermano, quien estaba en Torreón con unos 60 individuos de tropa, adscrito a la 11a. Zona Militar, y algunos pequeños destacamentos de fuerzas irregulares del Estado, que se hallaban a lo largo de la vía del ferrocarril Saltillo-Piedras Negras, a las órdenes del coronel irregular Alberto Guajardo, los cuales tenían su sede en la ciudad de Múzquiz. En total, unos 500 hombres montados, además del posible refuerzo del teniente coronel irregular Pablo González que, con el Regimiento Auxiliar "Carabineros de Coahuila", estaba en Julimes, Chihuahua.

Las tropas federales que podían actuar en contra de Carranza eran las pertenecientes a la 3a. Zona Militar (Gral. J.M. Mier) con cuartel general en Monterrey, Nuevo León, integrada por unos 3,000 hombres, diseminados en un vasto espacio que comprendía los estados de Nuevo León y Tamaulipas y las de la 11a. Zona Militar (Gral. Bgda. Fernando Trucy Aubert) con cuartel general en Torreón, compuesta por un efectivo de unos 2,000 hombres.

Mientras en Coahuila el gobernador Carranza adoptaba una resuelta actitud rebelde, apoyada por los jefes que hemos mencionado, veamos lo que sucedía en otras partes de la República. En Chihuahua, el general Pascual Orozco se sumó al huertismo, extraña actitud del antiguo arriero, movido quizá por el profundo resentimiento hacia Madero, o quizá por el recuerdo de las derrotas que le había inflingido Huerta hacía unos meses, o porque quizá encontraba mejores esperanzas con el gobierno huertista. Pero en el estado de Chihuahua, comenzaron a aparecer los brotes de guerrilleros descontentos. Manuel Chao y Tomás Urbina en el sur, los hermanos Luis y Maclovio Herrera y Rosalío Hernández en el centro, y Toribio Ortega, Melchor Vela y Juan Amaya en el noreste, y en el centro también, el legendario guerrillero Francisco Villa, que, recordemos, inició sus actividades con un pequeño grupo de seguidores que originó poco después la Brigada "Villa" y más tarde se convirtió en la famosa "División del Norte". En Chihuahua, el gobernador maderista Abraham González, también se negó a reconocer el nuevo orden de cosas, pero fue capturado por el general Antonio Rábago, comandante federal en el Estado. González fue enviado a México, pero antes de salir de los límites de Chihuahua fue asesinado; murió así un hombre sencillo pero incorruptible en sus convicciones políticas.

En Sonora, el gobernador del Estado, José M. Maytorena, adoptó una posición poco clara y no se decidió a desconocer abiertamente al gobierno de Huerta, a pesar de las presiones que sobre él ejercieron los coroneles de las fuerzas del Estado, Benjamín Hill, Alvaro Obregón y Juan G. Cabral. Finalmente, optó por

*Grupo de oficiales federales al principio
del siglo, en clase de armamento.*

pedir una licencia por enfermedad y ausentarse del Estado, marchándose a los Estados Unidos. El gobierno local nombró en su lugar al señor Ignacio Pesqueira, que era diputado local. El nuevo gobernador convocó al Congreso Local el 3 de marzo del mismo año de 1913, y el 4 se decidió desconocer al gobierno emanado del "cuartelazo" de febrero.

Con lo anterior, el importante estado de Sonora se inclinaba por la Revolución; rápidamente iniciaron operaciones militares algunos jefes que después tuvieron una posición destacadísima en la historia del México moderno, como el teniente coronel Plutarco Elías Calles, el coronel Salvador Alvarado, el capitán Abelardo Rodríguez, y desde luego, en un lugar preponderante, el general Alvaro Obregón. Las fuerzas de que disponían los sonorenses se elevaban a unos 4,000 hombres (3,300 de infantería y 700 de caballería) armados con el fusil reglamentario máuser y carabinas 30-30; la mayor parte de los combatientes carecía de una verdadera disciplina militar, aunque eran mandados por jefes y oficiales que sí tenían una experiencia guerrera, pues habían combatido en la Revolución maderista y algunos, además, en la campaña orozquista. Por parte de los federales existían aproximadamente unos 5,500 hombres; 2,100 tropas de línea, 1,600 federales auxiliares y 1,800 irregulares con escasa disciplina. Estas fuerzas pertenecían a la 1a. Zona Militar, al mando del general brigadier Miguel Gil, con cuartel general en Torín, Sonora.

En el resto de la República hubo brotes, pero de diferente magnitud. En Nuevo León, comenzaron a operar Francisco Murguía y Antonio Villarreal; en la parte sur de Coahuila y Zacatecas los hermanos Luis y Eulalio Gutiérrez y Pánfilo Natera. En Michoacán se levantaron Gertrudis Sánchez, Joaquín Amaro, Héctor F. López; en San Luis Potosí los hermanos Carrera Torres y los hermanos Cedillo. En Sinaloa, Juan Carrasco, Ramón F. Iturbe; en Guerrero los hermanos Figueroa; en Tabasco, Segovia, Greene y otros.

En suma, la Revolución se extendía incontenible en toda la República, pues no debemos olvidar que si Zapata mantuvo su actitud rebelde en Morelos durante el gobierno de Madero, con mayor razón la sostuvo ahora que veía en el poder a sus antiguos enemigos, pues además de Huerta, estaba el feroz Aureliano Blanquet, que tantos daños había causado a los zapatistas con su 29o. Batallón.

Volvamos ahora con Carranza, el encargado de enarbolar la bandera de la legalidad, con el Plan de Guadalupe, publicado en la hacienda del mismo nombre, el cual dio un carácter político, además de militar, al nuevo movimiento. Un testigo presencial y actor de aquellos días nos describe ese trascendental hecho; se trata del general Francisco J. Múgica, quien años después tuviera una participación muy destacada en la vida nacional y fuera el cerebro de la idea de la expropiación petrolera en el año de 1936. En el libro de Armando de María y Campos, *Crónica autobiográfica*, nos dice lo siguiente: "...desde aquella tarde azarosa y fatal —escribe Múgica— se impusieron las grandes jornadas por la estepa llena de cardos y lechuguilla, desposeída de todo oasis; llena de inmensidad y de penuria... Pero el día 25 llegamos a la Hacienda de Guadalupe colocada estratégicamente en el valle solitario que se inicia en las fecundas cañadas de Boca de Tres Ríos. La hacienda nos brindaba la seguridad estratégica de las cordilleras cercanas; el refrigerio de las escasas pero apreciabilísimas aguas de sus arroyos, la reparación del extenuamiento físico de hombres y bestias que apenas habían probado el sustento y descansado lo indispensable al campo raso para proseguir las marchas y por último nos permitía el albergue de sus trojes y cobertizos como una añoranza de mejores tiempos. Ya limpios los cuerpos y tranquilos los nervios por las condiciones del lugar, el jefe Carranza y su secretario particular, el capitán Breceda, se encerraron en la oficina de Raya de la finca. Todos presentíamos algo grato, conjeturamos que una nueva marcha se anunciaría en breve o que se trazaría un nuevo y más halagüeño plan de campaña. Pero no, el encierro del gobernador, de don Venus, como le decían abreviando los rudos fronterizos, fue largo y como siempre solemne, dando por resultado aquella voz imperativa del trompeta de órdenes del cuartel general llamando a jefes y oficiales. En el panorama del recuerdo pasan lista de presente los oficiales y jefes del 2o. de Carabineros de Coahuila, al mando del modesto y sencillo teniente coronel Cesáreo Castro; los oficiales y jefes del Primer Regimiento «Libres del Norte», al mando del apuesto y atractivo teniente coronel Lucio Blanco; los contados elementos del deshecho y aniquilado Segundo Regimiento de Carabineros de San Luis, cuyo jefe, el teniente coronel Andrés Saucedo, había quedado enfermo en Monclova; los contados oficiales del 28o. Regimiento Federal en organización, que había venido casi íntegro a nuestras filas al mando de su jefe, teniente coronel Luis Garfias; los contados y modestos oficiales de la pequeña escolta del Primer Jefe, que al mando del mayor Aldo Baroni y del humilde pero bravo capitán Gaspar Cantú estuvieron siempre en su sitio a la hora del peligro y de la refriega; la oficialidad indomable y el jefe heroico del 2o. Cuerpo de «Libres del Norte» al mando de su serio, seco y bizarro teniente coronel Francisco Sánchez Herrera; los inolvidables soldados ya caídos, Agustín Millán, Antonio Portas y la entusiasta oficialidad veracruzana de los regimientos rurales por ellos comandados y por último, los jóvenes ayudantes, que bajo las órdenes del Jefe del Estado Mayor, teniente coronel Jacinto B. Treviño, estaban ansiosos siempre de nuevas aventuras y del encauzamiento social de la Revolución. Todos risueños, alegres, firmes, fueron pasando al pequeño cuarto en que horas antes se encerrara con su secretario particular el jefe Carranza. La habitación era pequeña, cuadrangular, con una diminuta ventana en el centro del muro, hacia el campo, y una puerta angosta que daba acceso a una especie de vestíbulo medianero con los cobertizos, donde estaban los talleres de herrar y carpintear, los aperos rudimentarios del rancho. Dos mesas mugrientas y apolilladas y dos sillas eran todo el ajuar de aquella oficina en que la oficialidad descrita, en una columna inferior a setecientos hombres, iba a afirmar en un pacto con el Gobierno Constitucional de Coahuila y con el pueblo todo del país para defender y hacer triunfar el plan revolucionario que por arcanos y desconocidos decretos del destino, debía llamarse «Plan de Guadalupe».''

Ese Plan comprendía un Manifiesto a la Nación, e incluía 7 puntos importantes, en los cuales se desconocía al general Huerta como Presidente, así como los poderes Legislativo y Judicial de la Federación. Se desconocían también a los gobiernos de los Estados que hubieran reconocido el nuevo orden de cosas. Se establecía que el nuevo ejército se llamara "Constitucionalista" y a Carranza como su Primer Jefe, pero sin ningún grado militar, es decir, desde el primer momento Carranza quería darle a su movimiento un carácter civilista. También establecía el Plan que al triunfo de la Revolución, se convocaría a elecciones para Presidente de la República.

La Revolución comenzó a extenderse principalmente en el norte del país. Sin embargo, Carranza no fue afortunado en sus primeras operaciones militares. Por ello decidió trasladarse a Sonora, donde los revolucionarios, encabezados por el destacado general Obregón, estaban obteniendo resonantes victorias sobre las guarniciones federales.

Al salir de Coahuila, algunos de los seguidores de Carranza se dirigieron hacia diferentes partes de la República. Uno de ellos, Lucio Blanco, se dirigió al norte, a Matamoros, Tamaulipas, ciudad fronteriza con los Estados Unidos. En un lugar próximo, en la Hacienda de Borregos, propiedad del general Félix Díaz, tuvo lugar un acontecimiento de gran importancia, no de índole militar, sino social; ahí se llevó a cabo el primer reparto de las tierras de esa extensa hacienda. Este reparto fue idea del entonces capitán Francisco J. Múgica. Después del reparto, el 29 de agosto se procedió a distribuir los primeros títulos de propiedad. Jean Jaures, el famoso líder socialista francés, al conocer el reparto de tierras en Matamoros, exclamó: "Ahora ya sé por qué se pelea en México." Sin embargo, esa acción parece que no tuvo toda la aprobación del Primer Jefe, pues Carranza llamó la atención a Lucio Blanco y ordenó su traslado al estado de Sonora, donde quedó a las órdenes del general Obregón.

Mientras tanto, Carranza, después de haber permanecido en diversos puntos de Coahuila y del fracaso del ataque a Torreón, decidió trasladarse a Durango, donde los hermanos Arrieta se habían manifestado a su favor. De ahí, decidió traslardarse al área de operaciones de Obregón, al noroeste, e inició su marcha al Fuerte, Sinaloa, punto que habían alcanzado las fuerzas sonorenses victoriosas.

Llegó ahí el 20 de septiembre y fue recibido con todos los honores por parte del general Alvaro Obregón, y en su compañía se trasladó a Hermosillo, la capital de Sonora, donde fue recibido en forma por demás entusiasta.

Retrocedamos ahora unos pocos meses, con el fin de reseñar, aunque sea brevemente, la campaña militar que realizó en Sonora el general Alvaro Obregón. Con el fin de que el lector comprenda mejor, dividiremos las operacianes en dos: las realizadas en el norte y las del sur del Estado. Las primeras, o sea las del norte, duraron 40 días, al final de los cuales Obregón había limpiado de enemigos toda esa importante área del Estado, la cual, además, le aseguraba la frontera con los Estados Unidos, por donde podía exportar ganado e importar armas y municiones que tan necesarias eran para los revolucionarios. Las principales operaciones fueron la captura del importante punto fronterizo de Nogales; después la toma del mineral de Cananea, cuyo valor económico era muy grande;

los combates librados frente a la ciudad de Naco y la posterior ocupación del lugar (26 de marzo al 13 de abril de 1913). La captura de Naco culminó con la huida del general federal Pedro Ojeda, con parte de su guarnición a los Estados Unidos, de donde fueron repatriados a México. Pero a pesar de la derrota del general Ojeda en Naco, recibió órdenes del general Huerta de hacerse cargo de la División del Yaqui, que se encontraba en la parte sur del estado de Sonora.

En el sur del Estado las principales batallas fueron la de Santa Rosa (9 a 11 de mayo de 1913); la maniobra de Estación Ortiz y la batalla de Santa María (19 al 26 de junio de 1913), y el asedio al puerto de Guaymas (27 de junio al 13 de julio de 1913). Hay que hacer notar que esta plaza no cayó en poder de los revolucionarios y que permaneció sitiada durante el resto de la guerra civil, hasta mediados del año siguiente.

Después de esas operaciones que prácticamente le dieron a Obregón el dominio de todo el estado de Sonora, prosiguió hacia el sur, combatiendo en el estado de Sinaloa, en donde, como hemos dicho, realizó su primera reunión con el Primer Jefe Carranza.

Pasemos ahora al estado de Chihuahua, en donde operó el famoso Francisco Villa. En el sur del Estado, actuaron los jefes Chao, Luis y Maclovio Herrera contra la ciudad de Parral, defendida por fuerzas federales, mientras en el norte y centro del Estado comenzaba Villa su fulgurante carrera.

Mientras tanto, Carranza tomaba importantes decisiones de orden político y militar. En el Fuerte, nombró al general Obregón comandante del Cuerpo de Ejército del Noreste, y designó su primer gabinete

Un campesino, convertido en revolucionario, hace fuego sobre los "federales".

revolucionario, encargando la cartera de Gobernación al licenciado Rafael Zubarán y Oficial Mayor, al señor Adolfo de la Huerta (futuro Presidente de la República). Ratificó el nombramiento de Secretario de Relaciones Exteriores en favor del licenciado Francisco Escudero; Subsecretario de Guerra, encargado del despacho, al general Felipe Angeles, distinguido artillero, ex federal, quien se había incorporado a la Revolución en Sonora, procedente de los Estados Unidos, adonde había llegado de Francia; Oficial Mayor de Comunicaciones y Fomento, al ingeniero Ignacio Bonillas, y a su secretario particular, licenciado Gustavo Espinosa Mireles. De estos nombramientos, el que iba a tener mayor trascendencia y que mayores problemas ocasionó fue el del general Angeles, ya que los revolucionarios no vieron con buenos ojos la elección de un general de procedencia federal como subsecretario de Guerra; ellos no aceptaban que un "advenedizo", como le llamaban, fuera su jefe. Esto fue, entre otras cosas, el inicio del rompimiento entre Angeles y Carranza, ruptura que tantos problemas iba a causar a la naciente revolución.

En la ciudad de Hermosillo, a donde llegó Carranza como hemos descrito anteriormente, pronunció el Primer Jefe un discurso muy importante, en el que expresó sus ideas sociales, que después quedarían plasmadas en otros documentos oficiales de la Revolución. En esa ocasión, dijo, entre otras cosas: "Ya es tiempo de no hacer falsas promesas al pueblo y de que haya en la historia siquiera un hombre que no engañe y que no ofrezca maravillas, haciéndole la doble ofensa al pueblo mexicano de juzgar que necesita promesas halagüeñas para aprestarse a la lucha armada en defensa de sus derechos. Por esto, señores, el Plan de Guadalupe no encierra ninguna utopía, ninguna cosa irrealizable, ni promesas bastardas hechas con la intención de no cumplirlas. El Plan de Guadalupe es un llamado patriótico a todas las clases sociales, sin ofertas y sin demandas al mejor postor. Pero sepa el pueblo de México que, terminada la lucha armada a que convoca el Plan de Guadalupe, tendrá que principiar la formidable y majestuosa lucha social, la lucha de clases; queramos o no queramos nosotros mismos, y opónganse las fuerzas que se opongan, las nuevas ideas sociales tendrán que imponerse en nuestras masas; y no es sólo repartir las tierras y las riquezas naturales, no es el sufragio efectivo, no es abrir más escuelas, no es igualar y repartir las riquezas nacionales, es algo más grande y sagrado; es establecer la justicia, es buscar la igualdad, es la desaparición de los poderosos, para establecer el equilibrio de la economía nacional. El pueblo ha vivido ficticiamente, famélico y desgraciado, con un puñado de leyes que en nada le favorecen. Tendremos que revolverlo todo. Crear una nueva Constitución cuya acción benéfica sobre las masas nadie pueda evitar. Nos faltan leyes que favorezcan al campesino y al obrero, pero éstas serán promulgadas por ellos mismos, puesto que ellos serán los que triunfen en esta lucha reivindicadora y social. Las reformas enunciadas y que se irán poniendo en práctica conforme la Revolución avance hacia el sur, realizarán un cambio total de todo y abrirán una nueva era para la República."

Mientras tanto, en el sur, en Morelos, Zapata continuaba su lucha sin descanso contra el huertismo. El nuevo gobernador de ese Estado era el general Juvencio Robles, odiado por la mayoría del pueblo more-lense; su nombramiento aumentó, lógicamente, el rencor y avivó la lucha. El general Robles impuso medidas draconianas, concentrando a las familias de los rebeldes en verdaderos campos de concentración, lo cual ocasionó que la mayor parte de los pequeños pueblos o comunidades campesinas estuvieran a punto de desintegrarse. Zapata se vio en la necesidad de hacer modificaciones al Plan de Ayala. También se establecieron nuevas disposiciones para reglamentar las relaciones de los jefes y oficiales con la tropa zapatista, estableciendo la necesidad de pagar algún sueldo a los pobres campesinos surianos.

Las medidas arbitrarias de Robles produjeron sus efectos, pero se volvieron en su contra, ya que la Revolución comenzó a extenderse; los zapatistas llegaron a amagar los suburbios de la ciudad de México, llegando hasta Milpa Alta, Tlalpan y otros puntos próximos al sur de la capital. Las medidas impopulares de Robles dieron por resultado que Huerta decidiera en septiembre relevarlo definitivamente, enviando en su lugar al general de brigada Adolfo Jiménez Castro, que ya había servido el año anterior en Morelos, bajo las órdenes del general Angeles. La actuación del general Jiménez Castro fue diferente; la mayor parte de la población pudo vivir más cómodamente y las guarniciones federales se dedicaron a desempeñar un servicio de policía, más que de tropa de ocupación. La medida hizo que los federales se adueñaran de las ciudades, mientras que los zapatistas quedaban dueños del campo, aunque éste estuviera abandonado y desolado como consecuencia de la guerra civil. Esta nueva táctica obligó a Zapata a abandonar Morelos y a trasladar su base de operaciones al vecino estado de Guerrero.

Obviamente los éxitos de los revolucionarios en el norte se reflejaron en el sur, inyectaron ánimos a los zapatistas, distrajeron tropas que fueron enviadas al norte, aliviando así la situación en Morelos, Guerrero y el Estado de México. Sin embargo, Zapata continuaba padeciendo una carestía endémica de armas y municiones, lo cual hacía que la guerra en esas regiones fuera bastante limitada, reduciéndose a una guerra de guerrillas en Morelos, Guerrero, Puebla, Estado de México y en algunos puntos próximos al Distrito Federal.

5

El Gobierno de Victoriano Huerta. Las grandes batallas de la Revolución. El incidente de Tampico. La ocupación de Veracruz. Las conferencias de Niágara Falls. Victorias revolucionarias. Rendición y disolución del ejército federal. Agosto de 1914. Renuncia de Huerta. Ocupación de la Capital de la República por los revolucionarios triunfantes.

El gobierno del general Huerta no podía iniciar su régimen bajo buenos auspicios. Los crímenes de Madero y Pino Suárez eran una mancha imborrable para este gobierno surgido del cuartelazo y de odiosas componendas que habían culminado en el famoso Pacto de la Embajada. La actitud de Huerta nunca fue franca y pronto maniobró para neutralizar a uno de sus socios, al general Félix Díaz, a quien primeramente le ofreció enviarlo como representante del gobierno al Japón, con el fin de agradecer el envío de la misión japonesa durante las festividades del Centenario. El gobierno japonés, conocedor de la situación, puso discretamente reparos para recibir al general Díaz, alegando que la familia real no estaría en Tokio sino hasta varios meses después. Otro paso político importante de Huerta fue aplazar indefinidamente las elecciones, violando así lo pactado. Estas medidas produjeron una crisis ministerial en la cual renunciaron los ministros allegados a Félix Díaz, entre ellos el ingeniero Alberto García Granados, que desempeñaba la cartera de Gobernación; Toribio Esquivel Obregón, de Instrucción Pública; Manuel Mondragón, quien se convirtió en "cabeza de turco" de las derrotas militares que experimentaban las fuerzas federales y que tuvo que ceder su puesto a un incondicional de Huerta, al general Aureliano Blanquet. Mondragón fue enviado al exilio disfrazándose su salida con una comisión de estudios al extranjero; también renunció el licenciado Rodolfo Reyes.

Obviamente surgieron en la propia ciudad de México los descontentos, y también gente en la que Huerta no podía confiar por su filiación maderista. El primero en caer fue el general Gabriel Hernández, jefe revolucionario hidalguense y que había sido reducido a prisión en la Cárcel de Belén. En la madrugada del 23 de marzo fue sacado de su celda por orden del ingeniero Enrique Cepeda, gobernador del Distrito Federal, fusilado en los patios de la prisión, e incinerado su cadáver poco después. El caso provocó gran revuelo, por lo cual el ingeniero Cepeda fue separado de su cargo y sujeto a juicio; sin embargo, se alegó que el asesino había estado perturbado de sus facultades mentales cuando había ordenado el fusilamiento de Hernández. Meses más tarde el ingeniero Cepeda desapareció sin saberse a ciencia cierta su paradero o el origen de su muerte.

La Cámara de Diputados, influida por los huertistas, determinó aplazar las elecciones para Presidente y Vicepresidente. Esto, como hemos dicho, aumentó la división que ya se notaba entre los vencedores de La Ciudadela y ocasionó que el general Félix Díaz y Francisco León de la Barra, renunciaran a sus respectivas candidaturas con fecha 24 de abril de 1913. Para ello enviaron una carta al licenciado José Luis Requena, presidente de su partido; en esa carta Félix Díaz exponía las razones que lo obligaban a renunciar y, entre otras cosas, decía: "...provocar la continuación de la lucha fratricida, porque la convocatoria no se expida o se aplace indefinidamente, sería destruir la historia de mi existencia, sería manchar una vida cuyo culto ha sido, como ciudadano, el del deber, como soldado, el del honor, inexplicable inconsecuencia que, en tanto que me sea dable, no he de mancillar ni mi pasado ni mi futuro. Según el voto de la Cámara, la paz de la República no exige, como usted y yo creemos, la rapidez en las elecciones: éstas, a juzgar por quienes sostuvieron la tesis consagrada, es por lo menos dudoso que contribuyan a esa paz; nuestro deber es, por lo tanto, abstenernos de todo acto que contraríe esa resolución, dejando la responsabilidad de ella a quien incumba legal e históricamente." Otra carta, escrita en términos parecidos fue dirigida al licenciado Requena, Presidente del Partido Liberal Democrático, por el licenciado Francisco León de la Barra.

Soldados yaquis que constituyeron el núcleo
del Cuerpo de Ejército del Noroeste.

En el Congreso hubo también hombres dignos que se opusieron al nuevo estado de cosas. Entre los que pagaron con su vida aquella viril actitud están los diputados Edmundo Pastelín, asesinado el 13 de junio; el diputado Adolfo G. Gurrión, asesinado el 17 de agosto y Serapio Rendón el 22 del mismo mes. Rendón era un influyente miembro del grupo parlamentario conocido como "renovador". Huerta había tratado de atraérselo, pero el diputado se negó a ello diciendo: "que no podía de ninguna manera traicionar a sus compañeros ni abdicar los principios que había profesado toda su vida..."

Como consecuencia de esta actitud irreductible, se planeó su asesinato, consumado en el poblado de Tlalnepantla, en un pequeño cuarto del edificio municipal que en aquellos años existía; ahí fue acribillado a balazos, y parece que algunos días después fue trasladado a un humilde cementerio de "La Loma", próximo a Tlalnepantla. Poco antes de morir, el diputado Rendón trató de escribir una carta a su familia, de la que tan sólo se conservaron las primeras letras, que decían: "Adorada esposa, ido..."; al parecer iba a escribir "idolatrados hijos", cuando una bala en el cerebro terminó con su vida de hombre íntegro, que no dudó en ofrecerla en aras de sus ideales.

Pero todavía no terminaba la larga lista de crímenes. Otro miembro del Congreso, el senador por Chiapas, doctor Belisario Domínguez, pronunció un extraordinario discurso en el cual denunciaba los crímenes y abusos del general Huerta. El 23 de septiembre presentó el discurso, pero los miembros de la Mesa Directiva se lo rechazaron diciéndole que no era competencia del Senado el conocer las acusaciones contra el Ejecutivo, y que debía llevarlo a la autoridad competente, la Cámara de Diputados. Era evidente que temían que se conociera el discurso. El senador Domínguez determinó publicar su discurso y repartirlo, pero ante la imposibilidad de encontrar un impresor, hizo copias a máquina haciendo al lector la recomendación de que lo reprodujera. Poco después escribió otro discurso que finalmente fue impreso y se hizo circular en forma secreta. A continuación citamos fragmentos de ambos discursos, porque muestran el valor civil del senador Domínguez, que se atrevió a denunciar la situación caótica y vergonzosa por la que atravesaba el país; en el primer discurso se decía:

"La verdad es esta: Durante el gobierno de don Victoriano Huerta no solamente no se ha hecho nada en bien de la pacificación del país, sino que la situación actual de la República es infinitamente peor que antes: la Revolución se ha extendido a casi todos los Estados, muchas naciones, antes buenas amigas de México, rehúsanse a reconocer su gobierno por ilegal; nuestra moneda encuéntrase depreciada en el extranjero, nuestro crédito en agonía; la prensa entera de la República amordazada o cobardemente vendida al gobierno, ocultando sistemáticamente la verdad; nuestros campos abandonados; muchos pueblos arrasados, y por último el hambre y la miseria en todas sus formas amenazan extenderse rápidamente en toda la superficie de nuestra infortunada Patria. ¿A qué se debe tan triste situación? Primero, y antes que todo, a que el pueblo mexicano no puede resignarse a tener por Presidente de la República a don Victoriano Huerta, al soldado que se amparó del poder por medio de la traición y cuyo primer acto al subir a la presidencia fue asesinar cobardemente al Presidente y al Vicepresidente legalmente ungidos por el voto popular, habiendo sido el primero de éstos quien colmó de ascensos, honores y distinciones a don Victoriano Huerta y habiendo sido él igualmente a quien don Victoriano Huerta juró públicamente lealtad y fidelidad inquebrantables. Y segundo, se debe esta triste situación a los medios que don Victoriano Huerta se ha propuesto emplear para conseguir la pacificación. Esos medios ya sabéis cuáles han sido: únicamente muerte y exterminio para todos los hombres, familias y pueblos que no simpaticen con su gobierno."

En el segundo discurso, entre otras cosas decía:

"Y esta política del terror, señores senadores, la practica don Victoriano Huerta (se refería a la que se practicaba en el estado de Morelos contra los zapatistas) en primer lugar, porque en su criterio estrecho de viejo soldado, no cree que exista otra, y en segundo, porque en razón del modo como ascendió al poder y de los acontecimientos que han tenido lugar durante su gobierno, el cerebro de don Victoriano Huerta está desequilibrado, su espíritu está desorientado."

Los dos discursos del senador Domínguez provocaron la ira de Huerta; el propio Domínguez presintió su fin, puesto que en carta al señor Jesús Fernández le decía: "Sé que mi vida está en peligro y como los asesinatos del gobierno están a la orden del día, todo puede esperarse. Le suplico que me haga usted el favor de entregar a Ricardo (su hijo) el pliego adjunto que contiene mis últimas disposiciones. Se lo entregará usted pasado mañana miércoles a medio día. Si llegada esa hora no ha habido novedad, iré a buscarlo para que tenga usted la bondad de devolvérmelo. Hay que entregárselo a Ricardo sin que nadie lo vea. Antes del miércoles le suplico que no me busque usted ni a mí ni a Ricardo, mil gracias. Adiós. Su afmo. Belisario Domínguez (rúbrica)." Su presentimiento era fundado; poco después Domínguez fue asesinado por órdenes del doctor Urrutia, secretario de Gobernación e íntimo amigo de Huerta.

Volvamos ahora a los campos de batalla, en donde se estaban escribiendo las páginas militares que pondrían fin al gobierno espurio de Huerta. Veamos cuales fueron las acciones y disposiciones legales que adoptó el Primer Jefe Carranza. El 24 de mayo, en Piedras Negras, Coahuila, puso en vigor la ley del 25 de enero de 1862, dictada por el presidente Juárez para "castigar los delitos contra la nación, contra el orden, la paz pública y las garantías individuales". El artículo único decía: "Desde la publicación de este decreto, se pone en vigor la ley de 25 de enero de 1862, para juzgar al general Victoriano Huerta y a sus cómplices, a los promotores y responsables de las asonadas militares operadas en la capital de la República, en febrero del corriente año: a todos aquellos que de una manera oficial o particular hubieren reconocido o ayudado, o en lo sucesivo reconocieren o ayudaren, al llamado gobierno del general Victoriano Huerta y a todos los comprendidos en la expresada ley."

El 24 de junio, en la misma ciudad de Piedras Negras, Carranza decretó el establecimiento de los primeros departamentos de Hacienda y Guerra, dependientes de la Primera Jefatura. El 4 de julio en Monclova, Coahuila, decretó la organización inicial del Ejército Constitucionalista. Este decreto es muy importante porque fue la base del nuevo ejército. En él se decía:

"Venustiano Carranza, Primer Jefe del Ejército Constitucionalista, a todos los habitantes, sabed: Que en uso de las amplias facultades de que me hallo investido, he tenido a bien decretar lo siguiente: Art. 1o. Para la organización y operaciones del Ejército Constitucionalista se crean siete Cuerpos de Ejército que se denominarán: Cuerpo de Ejército del Noroeste, Cuerpo de Ejército del Noreste, Cuerpo de Ejército del Oriente, Cuerpo de Ejército de Occidente, Cuerpo de Ejército del Centro, Cuerpo de Ejército del Sur y Cuerpo de Ejército del Sureste."

En el artículo 2o. se establecían los límites geográficos de las nuevas Grandes Unidades y en el artículo 3o. se ordenaba que cada Cuerpo estaría a las órdenes de un General en Jefe.

Para nuestro propósito de exponer someramente esta época de la historia de México sólo interesan las operaciones realizadas por el Cuerpo de Ejército del Noroeste, que quedó a las órdenes del general Alvaro Obregón; de la famosa División del Norte, a las órdenes del general Francisco Villa, y del Cuerpo de Ejército del Noreste a las órdenes del general Pablo González.

Bosquejemos ahora las acciones realizadas por el general Alvaro Obregón, sin duda el militar más capaz que produjo la Revolución. Pero, ¿quién era Obregón y cuál era su personalidad? John W. Dulles en su obra *Ayer en México*, lo describe así: "Hombre muy sagaz, Obregón jefe de las fuerzas constitucionalistas en el oeste, fue de victoria en victoria, demostrando las cualidades que harían de él el comandante militar más grande en la historia de México. Además de ser un jefe enérgico y de planear inteligentemente sus operaciones militares, tenía cualidades de llana camaradería que inspiraron a sus oficiales y soldados una gran devoción hacia su persona. Una de sus primeras victorias sobre los federales huertistas fue la de mayo de 1913, que tuvo lugar en Santa Rosa, Sonora. La lista de los subordinados de Obregón en una batalla incluía nombres de hombres destinados a llegar muy lejos". . . Veamos otra descripción del militar sonorense: "Entonces se requería tomar las armas y él, Obregón, que nunca había tenido contacto con el arte doloroso de la guerra, se convirtió en soldado ¡y qué soldado!, practicó maravillosamente la ciencia de organizar hombres, imprimir en ellos disciplina y serenidad frente al peligro y sobre todo ejemplarizando con múltiples detalles su tarea como deben conjuntarse en el soldado los atributos de hombre y ciudadano."

Ese es el hombre que libró muy importantes batallas en el occidente de México. Las principales acciones de armas fueron: La Batalla de Santa Rosa (9-11 de mayo de 1913), librada contra las fuerzas federales mandadas por el general Luis Medina Barrón; el triunfo correspondió a las fuerzas revolucionarias después de una lucha tenaz por ambos bandos. Esta victoria dio a Obregón el control sobre el rico valle del Yaqui. Por esta victoria, el coronel Obregón fue ascendido a general brigadier con fecha 21 de mayo. Después vino la maniobra de Ortiz y la batalla de Santa María (19-26 de junio de 1913).

Es interesante hacer notar que en esta ocasión se efectuó por primera vez un reconocimiento aéreo sobre posiciones enemigas. En efecto, un aviador francés de nombre Didier Mason, volando por encargo de las tropas constitucionalistas, descubrió que los federales habían dejado descubierta su línea de comunicaciones, lo cual permitió al general Obregón concebir la idea de una "maniobra sobre la retaguardia."

Las fuerzas revolucionarias se enfrentaron a las federales que estaban mandadas por Pedro Ojeda, un general ya conocido por Obregón, a quien había derrotado en la fronteriza población de Naco pocos meses antes, y a quien Huerta le había dado el mando de la División del "Yaqui". La derrota que Obregón infligió a Ojeda fue desastrosa, pues los constitucionalistas capturaron toda la artillería enemiga, 728 prisioneros, 200 granadas, 530 fusiles, 5 ametralladoras, 190,000 cartuchos, 25 carros de transporte y muchos otros pertrechos. La derrota había sido muy grande, el general Juan Barragán, en su *Historia militar de la Revolución y del Ejército Constitucionalista* nos dice: "La lucha había adquirido caracteres de tragedia para los federales, especialmente cuando, privados de abastecimiento del agua, los soldados sufriendo horriblemente los tormentos de la sed, desobedecían a los jefes para echarse sobre unos campos de sandía que estaban justamente como blanco para el tiro de los revolucionarios, quienes cazaban a sus enemigos en un estado de completa falta de defensa. Por centenares se encontraron soldados federales muertos, pegadas las bocas a los frescos calabazos."

El 26, logró llegar el general Ojeda con sus destrozadas tropas al puerto de Guaymas donde se encerró, quedando la ciudad sitiada por el resto de la lucha, ya que hasta julio de 1914 fue evacuada por las tropas federales.

*Tren de las Fuerzas del general
Obregón, dinamitado por los
villistas después de los
combates en León. 1915.*

Mientras tanto, el general Obregón decidió continuar su avance hacia el sur con el fin de unirse a otros núcleos rebeldes que operaban en los estados de Sinaloa y Nayarit. Ya en Sinaloa, sus tropas unidas con otros grupos revolucionarios, capturaron Culiacán, retirándose los federales al puerto de Mazatlán, donde, al igual que en Guaymas, quedaron encerrados por el resto de la contienda.

El general Obregón prosiguió su campaña victoriosa hacia el sur, adentrándose en el territorio de Tepic, donde operaban varios jefes revolucionarios, entre ellos el famoso general Rafael Buelna, apodado "Granito de Oro". El 16 de mayo de 1914 cayó Tepic, con lo cual todo quedó en manos de los constitucionalistas. A partir de entonces se procedió a efectuar la campaña de Jalisco, Estado en donde se libraron algunas de las batallas decisivas de la historia de la Revolución. En efecto, ahí Obregón se enfrentó a la División de Occidente que mandaba el anciano general José M. Mier. Estas batallas, que quizá son las que mejor corresponden a la concepción de una batalla clásica, donde intervino brillantemente la maniobra, fueron las de Orendáin-La Venta, en la que fue derrotado el general federal Miguel Bernard y la de El Castillo (6-8 de julio) donde lo fue el general Mier, quien murió en la acción. Con estas importantísimas victorias todo el occidente de México quedó en manos de los constitucionalistas, pues poco después fue eliminado el reducto federal de Colima y con ello Obregón avanzó arrolladoramente con su Cuerpo de Ejército sobre la capital de la República.

Pasemos ahora a narrar, aunque sea brevemente, las acciones de la legendaria División del Norte mandada por Francisco Villa. Recordemos que Villa había regresado al país el 9 de marzo, acompañado de tan sólo un puñado de hombres para iniciar una increíble carrera militar que lo convirtió en uno de los hombres más discutidos de la Revolución.

El Primer Jefe del Ejército Constitucionalista, que ya conocía a Villa por sus acciones en la Revolución maderista y después en la campaña contra Pascual Orozco, y dándose cuenta de la importancia que tendría el que Villa se sumara a su causa, envió un emisario a Ciudad Camargo a entrevistarlo y a entregarle el despacho de general brigadier. Villa aceptó el grado y la jefatura de Carranza, pero no aceptó quedar subordinado al Cuerpo de Ejército de Obregón y tampoco aceptó a Manuel Chao como gobernador del estado de Chihuahua. Ya reconocido como general constitucionalista, Villa procedió a organizar la Brigada que llevó su nombre y fue el pie veterano de la División del Norte. Su actividad guerrera pronto se manifestó combatiendo en el centro y norte del estado de Chihuahua.

Veamos ahora, a grandes rasgos, quién era Villa. Este hombre singular fue de origen muy humilde, dotado de una gran personalidad, carismático: guía indiscutible de hombres, su cultura era casi nula, supliéndola con una gran inteligencia natural; hombre de gran arrastre natural, es sin duda la figura más popular de la Revolución mexicana, profundamente discutido, elogiado por unos, vituperado por otros, muchas veces cruel innecesariamente; fue Villa un militar típico de aquellos días; la historia de sus campañas está llena de dramatismo y emoción.

El general M.A. Sánchez Lamego, en su *Historia militar de la Revolución mexicana*, lo describe así: "El general Villa, que poseía poca o ninguna cultura, era impulsivo, soberbio, tenaz y sanguinario. El mando lo ejercía por medio de la violencia y el temor, así por ejemplo, para que sus subalternos cumplieran con las misiones que les encomendaba, los amenazaba de muerte si no llegaban a cumplirlas."

Los hermanos Luis y Adrián Aguirre Benavides en *Las Grandes Batallas de la División del Norte* lo describen de la siguiente manera: "Villa fue pues, desde el punto de vista militar, el hombre más poderoso de su época y seguramente el más capaz y más audaz que ha producido nuestro siglo. . ." Este hombre contradictorio fue nombrado comandante de la División del Norte en una junta realizada en Ciudad Jiménez en la segunda quincena de septiembre de 1913.

Con las fuerzas a su mando, Villa se dirigió sobre Torreón, "La Perla de la Laguna", importante centro de comunicaciones y comercial que estaba guarnecido por la División del Nazas al mando del general Eutiquio Munguía con 3,500 hombres aproximadamente. Las operaciones preliminares fueron los combates de Avilés y Lerdo, librados el 29 de septiembre; en ellas los federales fueron derrotados, perdiendo la vida el general Felipe Alvírez.

Entre el 30 de septiembre y el 1o. de octubre de ese año de 1913, se libraron furiosos combates entre federales y revolucionarios, siendo derrotados aquéllos, por lo cual evacuaron la plaza el general Munguía con 1,700 hombres, restos de la fuerza federal que había combatido en Torreón. A su llegada a la capital, el general derrotado fue procesado por orden de

Huerta, ya que se juzgó que la defensa no había sido conducida en forma correcta.

Después del triunfo de Torreón, Villa regresó a Chihuahua, dejando Torreón a las órdenes del coronel Calixto Contreras. La capital del Estado estaba guarnecida por la División del Norte federal, al mando del general de brigada Salvador Mercado. Por esos días el gobierno huertista tenía en su poder tan sólo las ciudades de Chihuahua y Juárez; en la primera había una corta guarnición, en la segunda la fuerza federal se elevaba a 6,300 hombres de las tres armas, con 9 piezas de artillería y 4 ametralladoras.

El combate por la capital del estado de Chihuahua se inició el 5 de noviembre de 1913, siendo rechazados los revolucionarios después de dos días de combate. Villa ordenó aparentemente la retirada y entonces concibió un audaz golpe: la captura de Ciudad Juárez situada a 360 kilómetros de la capital; el golpe se llevó a cabo y las tropas villistas lograron penetrar en la soñolienta ciudad en la madrugada del día 15, descargando el tren tropas villistas que en cuestión de minutos redujeron a la sorprendida guarnición huertista, cuyos soldados huyeron a El Paso, constituyéndose en prisioneros de las fuerzas norteamericanas.

La captura de Ciudad Juárez tuvo una gran importancia tanto militar como psicológica; los revolucionarios villistas, en un increíble golpe de audacia, se habían apoderado de una de las ciudades más importantes de la frontera, lo cual les abría una puerta para introducir armamento, municiones y abastecimientos de toda clase. El general Mercado, cuando supo que las tropas villistas habían pasado rumbo al norte, envió refuerzos a Ciudad Juárez, pero no llegaron a tiempo, y se vieron obligados a librar la batalla de Tierra Blanca (nombre de una estación ferrocarrilera a 32 kilómetros al sur de Ciudad Juárez). En ese lugar se llevó a cabo una de las más sangrientas batallas de la División del Norte. Fue un triunfo completo de Villa sobre los federales mandados por los generales Mancilla, José Inés Salazar, Marcelo Caraveo y otros. Con esa derrota la suerte de la capital del estado de Chihuahua estaba sellada, ya que el general Mercado quedó aislado completamente y sin esperanzas de recibir refuerzos, es decir, se vio en la necesidad de ordenar la evacuación de la ciudad. Las tropas se retiraron hacia el norte y derrotadas en Ojinaga en dos combates; el primero, el 31 de diciembre y el segundo, el 4 de enero de 1914. La derrota federal fue total y trajo como consecuencia el aniquilamiento de la División gobiernista y el dominio absoluto de los revolucionarios del enorme estado de Chihuahua.

Después de un descanso, las tropas al mando de Villa iniciaron nuevamente la ofensiva sobre la plaza de Torreón, la cual, a fines del año anterior (1913), había sido recapturada por los federales al mando del general José Refugio Velasco. En los últimos días de marzo, las tropas revolucionarias iniciaron la progresión sobre Torreón. Después de algunos combates de reconocimiento, en Tlahualilo y Sacramento se libraron las siguientes acciones: combates de San Pedro de las Colonias y Porvenir (22 de marzo). Combate de Gómez Palacio (22-27 de marzo). Ataque y toma de Torreón (27 de marzo-2 de abril).

La batalla de Torreón fue una de las más sangrientas, aunque exitosas, de la historia de la Revolución. Posteriormente la División del Norte continuó su avance y libró otra encarnizada batalla en San Pedro de las Colonias los días 10 a 13 de abril. Villa permaneció aproximadamente dos meses descansando, hasta que recibió órdenes de Carranza de capturar Saltillo. En Paredón, lugar próximo a Saltillo, se libró la batalla; fueron derrotados los federales al mando del general Ignacio Muñoz, al saber esta mala noticia, el general Joaquín Maass ordenó la evacuación de Saltillo y se dirigió a San Luis Potosí.

En las batallas referidas anteriormente se distinguieron famosos generales como Felipe Angeles y Maclovio Herrera, entre otros. Angeles, figura muy discutida de la Revolución, es descrito de la siguiente forma: "Su ineptitud para la vida cortesana, su repulsa por todo lo que representaba el espíritu de servilismo lo hizo fracasar cuando acababa de sumarse al movimiento revolucionario iniciado en contra de la usurpación huertista. Francisco Villa lo acoge con acatamiento. Al lado de Villa, hombre en estado de naturaleza, Angeles significa la comprensión, la inteligencia cultivada, el concepto de la vida civil, la norma moral que intenta ordenar los anhelos vagos, difusos y románticos de mejoramiento nacional en una obra vertebrada y orgánica." A Maclovio Herrera, uno de los brazos fuertes del villismo en aquella época, era: "...no letrado pero inteligente. En el riesgo cotidiano de las batallas aprende pronto que la función del soldado tiene recio contenido ético y constitucional. No hará él la guerra por la guerra misma. Peleará para destruir el sistema semifeudal vivo aún y será agrarista convencido. Irá a los frentes con la convicción de que se precisa reconstruir al país con nuevas leyes y nuevos elementos."

Reseñaremos ahora las operaciones finales de la poderosa División del Norte contra el ejército federal. Una ciudad muy importante era Zacatecas, pues su captura permitiría proseguir el avance hacia el centro del país. El general Pánfilo Natera había hecho frustrados intentos para capturar la citada plaza; en consecuencia, el señor Carranza ordenó al general Villa que reforzara con 5,000 hombres a las órdenes del general José I. Robles a los generales Arrieta y Natera. Villa se opuso a ello y decidió marchar con su División para capturar la importante ciudad minera. Es importante notar que tal acción fue el origen de la futura escisión de las fuerzas constitucionalistas. En efecto, Villa, en unión de sus más importantes generales, marchó sobre Zacatecas que estaba guarnecida por 7,000 federales a las órdenes del general Luis Medina Barrón. En una espectacular y muy sangrienta batalla las tropas villistas derrotaron a las fuerzas federales el 23 de junio de 1914. La batalla fue una hecatombe para los huertistas; la artillería ocasionó enormes destrozos en la ciudad y bajas en las filas federales. El comandante, en unión de un grupo de generales y soldados, logró con muchas dificultades huir hacia Aguascalientes. Después de este importante triunfo, la División del Norte se retiró hacia Torreón; como decíamos, con esta batalla termina la famosa unidad en la lucha contra el huertismo.

Nos referiremos ahora, brevemente, a las operaciones del Cuerpo de Ejército del Noreste a las órdenes del general Pablo González. Este operó con fortuna variable en los estados de Nuevo León, Tamaulipas y Coahuila, librando combates en Salinas, Victoria, Topo Chico, ataque a Monterrey, ataque y toma de

Ciudad Victoria. Como consecuencia de esta campaña, el general González se apoderó de casi todo el noreste de la República, pues tan sólo quedaban Monterrey, en Nuevo León y Nuevo Laredo y Tampico, en Tamaulipas, en manos del gobierno de Huerta. A las órdenes de González estaban algunos generales que después iban a tener una destacada actuación en la vida de la República, como son los generales Antonio I. Villarreal, Francisco Murguía, Cesáreo Castro, Eulalio Gutiérrez, Jesús Agustín Castro y otros.

Las operaciones finales del Cuerpo del Noreste fueron el ataque y toma de Monterrey (abril de 1914), el ataque y toma de Tampico (abril de 1914). Con esto, todo el occidente quedaba en manos de los constitucionalistas.

Como consecuencia de los hechos arriba narrados, los acontecimientos se precipitaron a gran velocidad, después de las batallas de Orendáin-La Venta y El Castillo. El 15 de julio el general Victoriano Huerta presentó su renuncia a la Presidencia dejando en su lugar al licenciado Francisco Carbajal, con el fin de que éste efectuara las negociaciones finales y entregara el gobierno a la revolución triunfante. Fue el licenciado y general Eduardo Iturbide, en su carácter de gobernador del Distrito Federal y representante del presidente (interino) Carbajal, quien en unión del último comandante del ejército federal, general José Refugio Velasco, negoció los Tratados de Teoloyucan que marcaron el fin del ejército federal.

En el camino de Cuautitlán a Teoloyucan, el 13 de agosto, se firmaron sobre el guardafangos de un automóvil los Tratados. Por las tropas constitucionalistas firmaron el importante documento el general Alvaro

Obregón y el general Lucio Blanco; por el Ejército Federal, el general Gustavo A. Salas y por la Armada Nacional, el comodoro Othon P. Blanco. El documento ponía fin al gobierno ilegal del general Huerta, con lo cual los mexicanos esperaban confiados el advenimiento de una nueva era de paz, pero ¡cuán equivocados estaban!, pues ahora iba a venir la lucha de las facciones triunfantes y todavía correría mucha sangre mexicana antes de que México pudiera encontrar el camino de la paz y de la tranquilidad.

Hemos dejado aparte un acontecimiento que tuvo una gran trascendencia internacional; nos referimos a la ocupación del puerto de Veracruz por las tropas norteamericanas en abril de 1914. En este mes, se produjo un incidente en el puerto de Tampico cuando un grupo de marinos norteamericanos fue arrestado por el comandante federal por alterar el orden. Los marinos fueron puestos en libertad, pero el almirante norteamericano afirmó que se había producido un ultraje contra su nación y exigió una reparación, pidiendo al gobierno mexicano que disparara una salva de 21 cañonazos a la bandera americana. Huerta se negó y después de infructuosas negociaciones, el 21 de abril los infantes de marina de los Estados Unidos desembarcaron y ocuparon el puerto de Veracruz, cuya guarnición, cadetes de la Heroica Escuela Naval y un grupo muy importante de civiles, presentaron heroica resistencia, escribiendo una página más de gloria en los anales de nuestra historia.

Huerta trató de capitalizar este desgraciado suceso y algunos de sus generales se dirigieron a los generales revolucionarios, como fue el caso del general Joaquín Téllez, comandante de la guarnición federal de

Jóvenes soldados federales, se aprestan
para salir al frente.

Guaymas, que envió, al general Obregón, el siguiente mensaje: "Tropas americanas atentatoriamente desembarcaron ayer en Veracruz, comenzando combate. Ha llegado el momento de que se olviden las cuestiones interiores para defender la.Patria; y hago a usted un llamamiento para unir el esfuerzo de todos, para lograr la salvación de nuestro país. Espero la contestación de usted, franca y leal para saber a qué atenerme. Joaquín Téllez (firmado)." La contestación de Obregón fue la siguiente: "Señor Joaquín Téllez. Guaymas. El abominable crimen de lesa patria que el traidor y asesino Huerta acaba de cometer, provocando deliberadamente una invasión extranjera no tiene nombre. La civilización, la historia y el Ejército Constitucionalista, único representante de la Dignidad Nacional, protestarán con toda energía contra tales hechos y si los norteamericanos insisten en la invasión, sin atender las notas que nuestro digno jefe, señor D. Venustiano Carranza, ha puesto al Presidente Wilson, el Ejército Constitucionalista, al que me honro en pertenecer, luchará hasta agotar sus últimos recursos contra la invasión salvando de esta manera la dignidad nacional, cosa que no podrán hacer ustedes porque la han pisoteado. Por lo expuesto verá usted que no estamos dispuestos a unirnos con un ejército corrompido, que sólo ha sabido pactar con la traición y el crimen. Si ustedes son atacados en ese puerto por los barcos norteamericanos y derrotados como de costumbre, se les permitirá la retirada, determinándoseles el lugar donde deban permanecer hasta que se reciban instrucciones del Primer Jefe sobre lo que deba hacerse con ustedes. General en Jefe. Alvaro Obregón."

En realidad, lo que Huerta trataba era que los constitucionalistas abandonaran su actitud rebelde y se unieran a su gobierno. Al darse cuenta de que esto no era posible, trató de excitar los naturales sentimientos patrióticos del pueblo mexicano y así efectuar un reclutamiento mucho más abundante, con la diferencia de que aquellos "voluntarios", en vez de ir a combatir al invasor, eran enviados a combatir a los constitucionalistas.

El puerto de Veracruz fue pródigo en actos heroicos; por la Escuela Naval, murieron el cadete Virgilio Uribe y el teniente José Azueta, escribiendo una página de gloria como algunos años atrás la habían escrito los cadetes del Heroico Colegio Militar. Las tropas federales, al mando del general Gustavo Maass, por órdenes de Huerta evacuaron la plaza, pero algunos soldados se quedaron, como sucedió a un grupo del 19o. Batallón de Infantería, que al mando del teniente coronel Albino Cerrillo, permanecieron en el puerto. En la obra de José Peña F. *Veracruz, cuatro veces heroica*, se narra este hecho así: "Sedientos, atenaceados por el hambre, acosados por el enemigo y ayudados por sus propias mujeres, que dieron un alto ejemplo de abnegación, pues ellas mismas cargaban los fusiles o restañaban con sus rebozos la sangre que brotaba de sus heridas, pelearon encarnizadamente como buenos mexicanos, los oscuros e ignorados soldados del 19o. Batallón con el bravo teniente coronel Albino Cerrillo a la cabeza."

Ante la naturaleza del conflicto se trató de encontrar una solución diplomática; se reunieron representantes mexicanos y norteamericanos en la ciudad de Niágara Falls, con la intervención de las repúblicas de Brasil, Argentina y Chile, pero no se pudo llegar a un acuerdo definitivo. Las conferencias de Niágara Falls llegaron a su término el 25 de junio, después de haberse firmado un protocolo simplemente de compromiso.

Las tropas norteamericanas continuaron ocupando el puerto de Veracruz hasta el 22 de noviembre de 1914 en que recibieron orden de su gobierno de reembarcarse y evacuar la ciudad. Fue el general Cándido Aguilar, al frente de las tropas constitucionalistas, el encargado de reocupar la ciudad. Con esto se terminó un incidente que ahondó viejas rencillas entre México y los Estados Unidos.

6

La escisión revolucionaria. La Convención en
México y en Aguascalientes. Convencionistas
(villistas) contra constitucionalistas (carrancistas). Los presidentes convencionistas y el
Primer Jefe Venustiano Carranza. La Ley del
6 de enero de 1915. El general Obregón ocupa
la ciudad de México. Prolegómenos de las batallas decisivas contra el villismo.

Después de la ocupación de la ciudad de México por
los revolucionarios y debido al afianzamiento de Carranza como Primer Jefe, se comenzaron a manifestar
las discrepancias que habían estado latentes entre
Villa y Carranza. El lector recordará que desde antes
de la batalla de Zacatecas, en junio de 1914, ya se
había iniciado el distanciamiento entre ambos; a ello
cabe agregar que Villa se encontraba en el pináculo
de su fama, adulado por un grupo de políticos, lo que

había hecho crecer su soberbia en forma desmesurada. Carranza, más equilibrado y ecuánime, trató de evitar lo que ya era inevitable, la división de la Revolución en dos grandes facciones que únicamente traerían más muerte y dolor sobre el pobre pueblo mexicano.

Todavía antes de consumar la derrota del huertismo, Carranza, consciente de que necesitaba la cooperación de Villa y queriendo evitar la ruptura que en última instancia hubiera ayudado al enemigo común, optó por pactar, enviando a la ciudad de Torreón, cuartel general del villismo, a una delegación compuesta por los generales Antonio I. Villarreal, Cesáreo Castro y Luis Caballero. Villa, por su parte, designó al general José I. Robles, al doctor Manuel Silva y al ingeniero Manuel Bonilla. Después de muchas discusiones, se llegó a un acuerdo, firmándose un documento que se llamó el Pacto de Torreón, por el cual la División del Norte ratificaba su adhesión al señor Carranza, quedando aparentemente resuelto el problema de la insubordinación colectiva de aquella unidad, con motivo de los sucesos que culminaron con la batalla de Zacatecas.

De este documento lo más importante fue la cláusula octava, llamada por Andrés Molina Enríquez, "la cláusula de oro" y, además, la calificaba de "El punto más alto alcanzado por los mestizos y por los indios, desde que Morelos proclamó la Independencia hasta los días que corren, en el empeño de hacer efectivas las reformas agrarias para dar asiento económico a su nacionalidad". La cláusula dice: "Siendo la actual contienda una lucha de los desheredados contra los abusos de los poderosos y comprendiendo que las causas de las desgracias que afligen al país, emanan del pretorianismo, de la plutocracia y de la clerecía, las Divisiones del Norte y Noreste, se comprometen solemnemente a combatir hasta que desaparezca por completo el Ejército Exfederal, el que será sustituido por el Ejército Constitucionalista; a implantar en nuestra nación el régimen democrático; a procurar el bienestar de los obreros, a emancipar económicamente a los campesinos, haciendo una distribución equitativa de tierras o por otros medios que tiendan a la resolución del problema agrario; a corregir, castigar y exigir las debidas responsabilidades a los miembros del Clero Católico Romano que material o intelectualmente hayan ayudado al usurpador Victoriano Huerta."

Mientras tanto, Carranza también hacía esfuerzos para ver si era posible llegar a un acuerdo con los zapatistas. Para ello envió una comisión formada por el general Antonio I. Villarreal y el licenciado Luis Cabrera, quienes se entrevistaron en Cuernavaca con los delegados zapatistas, licenciado Antonio Díaz Soto y Gama, el general Manuel Palafox y el general Emiliano Zapata. Nada se logró en esta entrevista.

Ocupada la ciudad de México y de acuerdo con lo estipulado en el Plan de Guadalupe, Carranza se instaló en Palacio Nacional quedando como Encargado del Poder Ejecutivo, mientras era posible convocar a elecciones. Como era obvio, nombró un gabinete en el que figuraron algunos de sus principales colaboradores, como sigue: Relaciones Exteriores, licenciado Isidro Fabela; Gobernación, licenciado Eliseo Arredondo; Hacienda, ingeniero Felícitas Villarreal; Comunicaciones, ingeniero Ignacio Bonillas; Instrucción Pública y Bellas Artes, ingeniero Félix F. Palavicini;

Fomento, Colonización e Industria, ingeniero Pastor Rouaix; Guerra y Marina, general Jecinto B. Treviño, y Justicia, licenciado Manuel Escudero Verdugo.

Volvamos ahora al norte; Villa no quería plegarse a la obediencia del nuevo gobierno, retirándose a Chihuahua donde había quedado con el grueso de sus fuerzas. Hasta allá fue el general Obregón con el fin de lograr un entendimiento; el 21 de agosto de 1914 salió hacia la capital chihuahuense. Se trataba de arreglar, además, el conflicto que venía perfilándose en Sonora, entre el gobernador Maytorena (apoyado por Villa) y el general Salvador Alvarado, el coronel Plutarco Elías Calles y Benjamín Hill. En la ciudad de Chihuahua, Obregón fue recibido por Raúl Madero, Chao y José Rodríguez; acompañado por ellos, se trasladó a entrevistarse con el comandante de la División del Norte. De inmediato se discutió el caso de Maytorena, por lo cual ambos generales se trasladaron a Nogales, Sonora, en donde se llegó a un acuerdo provisional entre Maytorena y el coronel Plutarco Elías Calles. En los primeros días de septiembre, Obregón regresó a la capital de la República acompañado por dos representantes de Villa, el doctor Silva y el licenciado Miguel Díaz Lombardo. Ahí se discutieron algunas propuestas villistas, que no fueron aceptadas por Carranza. Días después Villa insistió en algunas medidas que no se habían tomado en Sonora y que él deseaba se cumplieran; esto motivó un segundo viaje de Obregón a Chihuahua para entrevistarse con Villa; el 16 de septiembre de 1914 llegó nuevamente a la ciudad norteña en donde, al entablarse nuevas pláticas, se produjo un grave incidente que estuvo a punto de costarle la vida a Obregón.

Típico revolucionario de la época.

Villa, en un acceso de ira, ordenó el fusilamiento del general sonorense, pero finalmente, fue tranquilizado y no se llevó a cabo el fusilamiento. Pero qué hubiera dado Villa por poder leer el destino y saber que al año siguiente Obregón lo derrotaría decisivamente en las planicies de Celaya acabando con la poderosa División del Norte y con el prestigio de su orgulloso jefe.

El 21 de septiembre del mismo año de 1914, Obregón emprendió el regreso a la ciudad de México acompañado por los generales Eugenio Aguirre Benavides y José Isabel Robles. Apenas habían transcurrido unas horas de viaje, cuando se ordenó en forma violenta el regreso del tren con sus pasajeros. ¿Qué era lo que había pasado mientras tanto? La respuesta es que, Carranza, al enterarse de la amenaza a su enviado, había dirigido un mensaje en tono perentorio y violento a Villa y éste se había disgustado. El tren regresó, pero Villa tampoco fusiló en esta ocasión a Obregón, quien pudo al fin regresar a México el 26 de septiembre.

El día 22 de septiembre del citado año, Villa había enviado un telegrama a Carranza, en el que confirmaba la insubordinación y, con ello, la división de la Revolución en dos campos irreconciliables. El telegrama decía:

"Cuartel general en Chihuahua. Septiembre 22 de 1914. Señor Venustiano Carranza. México, D.F. En contestación a su mensaje, le manifiesto que el general Obregón y otros generales de esta División salieron anoche para esa capital con el objeto de tratar importantes asuntos relacionados con la situación general de la República; pero en vista de los procedimientos de usted, que revelan un deseo premeditado de poner obstáculos para el arreglo satisfactorio de todas las dificultades, para llegar a la paz que tanto deseamos, he ordenado que suspendan su viaje y se detengan en Torreón. En consecuencia, le participo que esta División no concurrirá a la Convención que ha convocado y desde luego le manifiesto su desconocimiento como Primer Jefe de la República, quedando usted en libertad de proceder como le convenga. El general en jefe. Francisco Villa."

La ruptura era definitiva. Se trató de lograr la paz entre las dos grandes facciones revolucionarias, mediante los esfuerzos de jefes militares y políticos. Inicialmente se organizó una Convención en la ciudad de México con el fin de encontrar una solución al conflicto, pero luego se consideró que la capital no era el lugar adecuado, por lo cual se decidió trasladarla a la ciudad de Aguascalientes, por considerarla territorio neutral. En la ciudad de México hubo cuatro sesiones acaloradas, especialmente la última, ya que en ella, Carranza presentó su renuncia al cargo de Encargado del Poder Ejecutivo; habló a los reunidos en la Cámara de Diputados, con voz llena de emoción y dijo: "Ustedes me confirieron el mando del ejército, ustedes pusieron en mis manos el Poder Ejecutivo de la Nación; estos dos depósitos sagrados no los puedo entregar, sin mengua de mi honor, a solicitud de un grupo de jefes descarriados en el cumplimiento de sus deberes y de algunos civiles a quienes nada debe la Patria en esta lucha, solamente puedo entregarlo y lo entrego en este momento a los jefes aquí reunidos. Espero la inmediata resolución de ustedes manifestándoles que desde este momento me retiro de la Convención para dejarles toda su libertad, esperando que

su decisión la inspirará el supremo bien de la Patria."
Carranza se retiró del recinto, en medio del aplauso
de los presentes y entonces el licenciado Luis Cabrera, uno de los ideólogos del carrancismo y brillante
orador, pidió la palabra y votó nuevamente por Carranza; se suscitó una nueva discusión, y finalmente,
se envió una comisión que fue a la casa de Carranza
a solicitarle su regreso al recinto de los debates. Ahí
se le informó que por aclamación de la asamblea no se
había aceptado su renuncia. El señor Carranza contestó: "Procuraré hasta que los servicios míos sean
necesarios contribuir al aseguramiento de la paz de
la República."

El 5 de octubre de 1914, después de muchas discusiones, se acordó trasladarse a la ciudad de Aguascalientes, donde continuarían los debates de los convencionistas. El 10 de octubre se reanudaron los trabajos
en el Teatro Morelos de aquella ciudad, ante más de
cien representantes, entre los cuales figuraban 37 representantes de la División del Norte. Se iniciaron las
sesiones declarando Soberana a la Convención y fir-
mando los delegados sobre una bandera nacional. En
las primeras sesiones se determinó invitar a los zapatistas, ya que sin su concurso no se podía llegar a una
decisión unánime. El 27 de aquel mes se presentaron
finalmente los representantes zapatistas; con ellos se
prosiguieron los trabajos y dos sesiones después, con
el apoyo decidido de la facción villista, la Convención
aprobó el Plan de Ayala y se decidió dar derecho de
voz y voto a los zapatistas. Mientras tanto, Carranza
rechazó una invitación para acudir personalmente a
Aguascalientes. Todo esto produjo un gran revuelo;
la Convención estaba influida poderosamente por la

facción villista, encabezada por el general Felipe Angeles y contaba con el apoyo zapatista. El 30 de octubre se llegó a una decisión trascendental; se decía lo siguiente: "Por convenir a los intereses de la Revolución, cesan en sus funciones como Primer Jefe del Ejército Constitucionalista, Encargado del Poder Ejecutivo, el ciudadano Venustiano Carranza, y como jefe de la División del Norte, el ciudadano general Francisco Villa. Procédase a nombrar por esta Convención un presidente interino de la República para realizar en un periodo preconstitucional las reformas sociales y políticas que necesita el país. Reconózcase el grado de general de división con antigüedad de la fecha del Plan de Guadalupe al ciudadano Venustiano Carranza."

Obviamente, tal decisión no satisfizo ni a Carranza ni a Villa, y aumentó todavía cuando la Convención eligió Presidente Provisional al general Eulalio Gutiérrez. Villa, aunque aparentemente decidió acatar la orden, no lo hizo, sino que procedió a concentrar sus tropas en las inmediaciones de Aguascalientes.

Carranza, prudentemente y ante la desconfianza que tenía sobre la actitud del general Lucio Blanco, decidió abandonar la ciudad de México y retirarse al puerto de Veracruz. Días después, los generales Obregón, Villarreal y Hay lo alcanzaron en Córdoba donde le comunicaron la decisión de cesarlo. Carranza no la aceptó, a pesar de que Eulalio Gutiérrez trató de convencerlo de su imparcialidad. Esta actitud hizo que las cosas se precipitaran y Gutiérrez, ante la falta de tropas, cayera en los brazos de Villa. En efecto, el presidente provisional tomó una decisión que lo colocaba en la facción enemiga de Carranza; nombró a

Villa jefe de los Ejércitos de la Convención. Carranza y Gutiérrez lanzaron sendos manifiestos en los cuales cada uno desconocía al otro, con esto, la Revolución se había dividido y ya solamente las armas decidirían quién sería el vencedor. Carranza tomó el camino de Veracruz, y Eulalio Gutiérrez avanzó sobre la sufrida capital de la República a donde llegó el 3 de diciembre de 1914; tres días después, entró el ejército convencionista, integrado por 50,000 hombres, a cuyo frente marchaban los generales Villa y Zapata.

Mientras tanto en Veracruz se había producido un acontecimiento muy importante. Los norteamericanos, convencidos de la inutilidad de sus gestiones diplomáticas, optaron por evacuar el puerto, cosa que hicieron el 23 de noviembre de 1914. Tres días después, el 26, hizo su entrada el señor Carranza acompañado por los miembros de su gabinete, instalándose en el edificio de "Faros". Ahí se dispuso a esperar el desarrollo de los acontecimientos.

Carranza, que era un profundo conocedor de los hombres, estaba seguro que la frágil alianza entre Eulalio Gutiérrez y Villa no prosperaría, y así fue. El presidente provisional Gutiérrez no pudo establecer ni tan siquiera una sombra de gobierno; la ciudad de México cayó en la anarquía, presa de los extremismos de las fuerzas villistas. Convencido el general Gutiérrez de la inutilidad de sus esfuerzos, abandonó la ciudad de México con unas cuantas tropas, que no tardaron en disolverse en algunos combates. El general Gutiérrez, desesperado, se rindió a los carrancistas, logrando la amnistía.

Mientras tanto, el país se hundía en la anarquía. El general Juan Barragán en su *Historia del ejército y la*

Revolución Constitucionalista, nos dice que por aquellos meses en Sonora tan sólo la plaza de Agua Prieta estaba en poder de los constitucionalistas; Chihuahua, Coahuila y Nuevo León estaban dominados por el villismo; en Tamaulipas estaban en manos de las fuerzas leales a Carranza; Nuevo Laredo, Matamoros y Tampico, Veracruz, Campeche, Tabasco y Yucatán estaban con los constitucionalistas, Chiapas también, y Oaxaca parcialmente en manos del gobierno de Carranza; Guerrero en manos enemigas, excepto Acapulco; Sinaloa en manos villistas, excepto Mazatlán, y finalmente, los Estados del interior en manos del enemigo, incluyendo la capital de la República.

Pero mientras el país estaba dividido, el señor Carranza pugnaba por organizar la vida pública del país. El 6 de enero de 1915 publicó la Ley que iniciaba en México la Reforma Agraria; como afirma certeramente el distinguido historiador Jesús Silva Herzog, constituye el paso legislativo de mayor trascendencia en materia agraria, después de las leyes de desamortización de los bienes de la Iglesia de 1856 y 1859. En dicha ley participó destacadamente el licenciado Luis Cabrera, sin duda alguna uno de los cerebros más brillantes de aquellos memorables años; el distinguido licenciado poblano formuló el Decreto, que entre otras cosas decía: "En consecuencia no ha quedado a la gran masa de la población de los campos otro recurso para proporcionarse lo necesario a su vida, que alquilar a vil precio su trabajo a los poderosos terratenientes, trayendo esto, como resultado inevitable, el estado de miseria, abyección y esclavitud de hecho, en que esa enorme cantidad de trabajadores ha vivido y vive todavía." Además del mérito de proporcionar al campesino la justicia que tanto anhelaba, esta ley buscaba un efecto psicológico al atraerse a aquella "gran masa de la población de los campos", y restársela al villismo.

Mientras tanto, la Convención agonizaba por falta de apoyo; al general Gutiérrez lo sucedió efímeramente el general Roque González Garza, de filiación villista. El general Obregón, con el dinamismo que siempre lo caracterizó, organizó un nuevo contingente militar, y ya para el 5 de enero de 1915, ocupaba la plaza de Puebla, y el 28 volvía a entrar en la castigada ciudad de México que había sido evacuada por los zapatistas. Pero ahí solamente permaneció unos pocos meses, los necesarios para reclutar nuevas tropas, organizarlas, armarlas y con ellas marchar en busca del enemigo. Para ello, incorporó a sus fuerzas a los batallones rojos de obreros, pertenecientes a la Casa del Obrero Mundial, los cuales combatirían con gran valor en los campos de Celaya. Los batallones fueron seis y tuvieron una actuación destacada hasta el año de 1917 en que fueron licenciados por Carranza, quien les dijo: "Vuelvan a sus trabajos en orden y en paz, que la patria les queda agradecida."

Aquellos meses de 1915 fueron terribles para la ciudad de México; se padecía hambre, lógicamente resentida con mayor fuerza por la gente humilde; escasearon los víveres; aumentaron las enfermedades, y a ello se aunaban las depredaciones de los grupos revolucionarios que muchas veces causaban grandes problemas a la sufrida población.

En el resto del país la situación no era mejor; el norte y el occidente estaban en llamas, pues ahí se libraban furiosas batallas entre los villistas mandados

*El C. Venustiano Carranza acompañado
de los generales Obregón, Pesqueira,
Coss, Hay y otros en Palacio Nacional
al triunfo de la Revolución.*

por Orestes Pereyra, Fierro, Medina, Rosalío Hernández, Angeles y los constitucionalistas que mandaban Diéguez, Murguía y otros generales. Importantes batallas como la de Atenquique, la toma de Guadalajara, la de Ramos Arizpe, atestiguaban la fiera lucha en que se mataban miles de mexicanos en una estéril lucha de facciones.

Los convencionistas, como hemos indicado anteriormente, acabaron por disolverse. González Garza le entregó el nombramiento, ya que no el poder, al licenciado Lagos Cházaro y finalmente los convencionistas se dividieron, unos se fueron al norte y otros hallaron refugio con los zapatistas; mientras que villistas y carrancistas aprestaban sus armas para las batallas decisivas.

Las penalidades de los capitalinos no cesaban, por lo cual Obregón decidió evacuar una vez más la ciudad de los palacios, argumentando que "no constituye posición estratégica, no es un centro ferrocarrilero ni tampoco es lugar donde las tropas puedan encontrar los elementos de boca y guerra que necesitan. En cambio para guardar a México tiene que distraerse una fuerza numerosa que se necesita en otros puntos, donde puede tener mayor provecho. Por esto es que para nosotros, tener esta ciudad o no tenerla, significa igual". La suerte de la capital estaba decidida y en telegrama de fecha 9 de marzo Obregón decía: "Hoy a media noche evacuaré la ciudad de México rumbo al norte..." Así se hizo, pero mientras los constitucionalistas salían, por el lado del Ajusco y Milpa Alta los zapatistas entraban nuevamente.

Obregón decidió marchar hacia el norte con el fin de encontrar y dar batalla a las fuerzas villistas. Es-

tas estaban concentradas en Querétaro, pero descon-
fiadas por no tener a su jefe con ellos, decidieron
replegarse hacia el estado de Guanajuato. Obregón
prosiguió su avance, ocupando Querétaro el día 31 de
marzo; poco a poco los dos grandes enemigos se apro-
ximaban hacia las planicies de Celaya, en donde se
sellaría para siempre el destino de la Revolución.

7

Obregón derrota a Villa en Celaya, Trinidad, León y Aguascalientes (1915). Consolidación de Carranza. Los incidentes de Santa Isabel y Columbus. La Expedición Punitiva. El combate de Carrizal.

De Querétaro, Obregón marchó con sus tropas a Celaya, para dar la batalla definitiva al villismo; sin embargo, él pensaba que ésta se daría en Irapuato y no en aquella ciudad. Villa se encontraba muy confiado, pese a las advertencias del general Felipe Angeles, quien desde el norte le había aconsejado no presentar batalla, "el día que el general Villa sufra una derrota en el grueso de sus filas, se acabará la División del Norte", había pronosticado. Pero el guerrillero norteño no quiso escuchar los consejos del ex general federal. La posición de Villa en términos generales era mejor que la de Obregón, puesto que los villistas controlaban las vías férreas del norte y del centro del país, lo cual les permitía comunicarse con las diferentes ciudades que estaban en su poder: los constitucionalistas no tenían este dominio, pues hay que recordar que los zapatistas estaban en su retaguardia y, aunque no eran una fuerza considerable, sí constituían una amenaza.

El 4 de abril de 1915 llegaron las tropas de Obregón a Celaya, ciudad que contaba en aquella época con 35,000 habitantes y era una de las más ricas e importantes de aquella región del Bajío. En su libro, *Ocho mil kilómetros en campaña*, nos dice el vencedor de Santa Rosa, lo siguiente: "El total de las fuerzas con que hice mi avance al centro de la República, a contar desde mi salida de Querétaro, era de once mil hombres de las tres armas, como sigue: artillería, 13 cañones de grueso calibre y 86 ametralladoras; caballería, 6,000 jinetes, e infantería 5,000 hombres, incluyendo personal de la artillería en sirvientes y sostén." En efecto, las tropas de Carranza se encontraban bien armadas y con abundantes municiones, teniendo a su favor un factor decisivo, el mando. En efecto, contaban con generales mejor preparados y sobre todo con la innegable capacidad militar del general Obregón, determinante para inclinar la suerte de una batalla que, en un primer análisis, podía darse como perdida para los constitucionalistas.

El ejército villista era en esos momentos superior al constitucionalista; tenía 22,000 hombres, con una moral elevada, pues eran dueños de casi toda la República. El armamento era bueno, las municiones suficientes, la artillería abundante y bien mandada por oficiales ex federales y de la caballería, cuya fama estaba bien cimentada en batallas violentísimas que se habían hecho famosas; esa era, pues, el arma en que Villa cifraba su éxito.

Los combates se iniciaron prácticamente de inmediato. El 5 de abril de 1915, los generales constitucionalistas Alejo González y Alfredo Elizondo capturaron Acámbaro, mientras que otra columna constitucionalista, al mando de los generales Jesús Novoa y Porfirio González, recibía la misión de destruir la vía de San Luis en Empalme González. El general Obregón permaneció en Celaya, mientras que la vanguardia marchaba hasta el Guaje, a 18 kilómetros de Celaya, distancia desproporcionada para un destacamento de seguridad.

En un estudio crítico sobre las operaciones militares del general Obregón, el general Francisco J. Grajales dice, certeramente, lo siguiente: "...ninguna de las batallas libradas por el general Obregón tuvieron una fase inicial más desafortunada que esta primera de Celaya. Ha sido ya víctima de una sorpresa estratégica al aceptar que el encuentro ocurriría más adelante, en Irapuato, idea que lo llevó a dispersar su caballería a varias jornadas hacia sus flancos...". Efectivamente, en telegrama fechado el 4 de abril de 1915, Obregón decía a Carranza: "Apaseo, Gto., abril 4 de 1915. Señor V. Carranza, Veracruz. Creo conveniente publicación del mensaje anterior íntegro para desorientar al enemigo, pues movimientos de que hablé llevan sólo ese objeto. Con todos mis elementos marcharé sobre Irapuato. Agradecería a usted se publiquen en Estados Unidos para que lleguen más pronto al enemigo. Salúdolo. Respetuosamente, general en jefe. Alvaro Obregón." Esto muestra que Obregón creía que la batalla sería en Irapuato; el día 5 recibió informes de que el general Villa se encontraba en Salamanca, donde fueron revistadas las tropas.

El 6 de abril de ese año, ya decidido Villa a acabar con el general Obregón, inició su avance partiendo de Salamanca en tres columnas: la del norte, de caballería, al mando del general Agustín Estrada; la central, de infantería, mandada por los generales José Herón González, Dionisio Triana, Bracamontes y San Román; la del sur, de caballería, al mando del general Abel Serratos, y a retaguardia del centro, marchaba la artillería.

En la madrugada del día 6 de abril, se trabó el primer combate. Los villistas chocaron contra la brigada de Maycotte (quien estaba en Celaya) en el Guaje; el comandante salió violentamente a incorporarse a sus tropas, que a duras penas se defendían, ya que eran atacadas por el grueso villista. Maycotte, ante la desesperada situación, le informó al general Obregón. Este ordenó el inmediato refuerzo, enviando al general Manuel Laveaga con 1,500 hombres; sin embargo, al darse cuenta de la situación, resolvió ir personalmente. Llegó al Guaje, al medio día, pero ya sólo para comprobar la derrota de sus tropas; a pesar de ello, y con gran presencia de ánimo, en unión de Maycotte logró que las tropas se retiraran en buen orden, evitando que aquello se convirtiera en una desbandada. La acción terminó a las 16:00 hs. de ese día.

Es conveniente hacer algunas consideraciones sobre ese primer combate. Resaltan las dotes de don de mando del general Obregón, en el hecho de haber evitado que la derrota se convirtiera en una desbandada ante el empuje arrollador de las fuerzas villistas. Los efectos materiales y morales de una derrota completa hubieran sido desastrosos para las tropas que estaban en Celaya. Ese mismo día, el general Obregón envió un mensaje al señor Carranza informándole de la gravedad de la situación: "Celaya, Gto. 6 de abril de 1915. Señor V. Carranza. Primer Jefe del E.C. Veracruz. Hónrome en comunicar a usted que a las diez de la mañana se generalizó el combate con el general Maycotte, en el Guaje. General Maycotte está muy comprometido. En estos momentos salgo personalmente con infantería y ametralladoras. Combate que para nosotros es desfavorable, por lo que el movimiento tiene que ser precipitado y por lo tanto irregular y solamente lo hago por haberse comprometido en él más de 3,000 hombres. Salúdolo afectuosamente. General en jefe. Alvaro Obregón."

Las tropas villistas, aprovechando la victoria del Guaje, continuaron impetuosamente su ataque sobre Celaya, y ocurrió aquí el primero de muchos errores tácticos cometidos por los atacantes, ya que no modificaron su dispositivo de ataque, ni tampoco esperaron el tan necesario apoyo de la artillería. El general Obregón, antes de partir había ordenado al general Benjamín Hill, comandante de la infantería, que procediera a organizar el terreno y dispusiera convenientemente a las tropas. Ello ocasionó que al presentarse frente a las posiciones obregonistas a las 17:00 hs., aproximadamente, los villistas se encontraron frente a un muro de fuego; hubo alguna vacilación en el flanco derecho constitucionalista, resuelta, sin embargo, mediante una violenta carga de caballería que chocó contra la caballería villista del general Agustín Estrada. En las últimas horas de la tarde de ese día decreció el ímpetu villista, gracias a la eficaz coordinación de los fuegos de fusilería, las ametralladoras y el apoyo de la artillería. A las 18:00 hs. se efectuaron los últimos ataques que terminaron dos horas después, ya para entonces apoyados por el grueso de la artillería villista, que había disparado y malgastado proyectiles en fuego nocturno.

Al llegar la noche, los obregonistas hicieron un balance, el cual era más bien desventajoso. En la derrota del Guaje, las pérdidas ascendían a 1,500 hombres, aunque afortunadamente la mayor parte estaban dispersos y durante la noche se incorporaron a sus unidades; por otra parte, la ciudad estaba prácticamente rodeada por una imponente fuerza. La situación era crítica; varios generales aconsejaron a Obregón la retirada hacia Querétaro; sin embargo, el propio general en jefe envió a media noche un telegrama al Primer Jefe, en los siguientes términos: "Celaya, abril 6 de 1915. Señor V. Carranza. Faros. Veracruz. Hónrome comunicar a usted combate continúa. Las caballerías han sido derrotadas. A esta hora, 11:00 p.m., habremos tenido dos mil bajas, asaltos del enemigo son rudísimos. Esté usted seguro que mientras me quede un soldado y un cartucho sabré cumplir con mi deber y consideraré como una aventura que la muerte me sorprenda abofeteando al crimen. Respetuosamente. General en jefe. A. Obregón."

A pesar de los negros presagios, Obregón ordenó a los generales Alfredo Elizondo, Alejo González y Porfirio González que se marcharan inmediatamente a Celaya para reforzar con sus tropas a la guarnición; igualmente el señor Carranza ordenó el inmediato envío de toda clase de refuerzos. En las primeras horas del día 7 de abril, la situación parecía mejorar en favor de los constitucionalistas, ya que habían llegado los refuerzos. El general Grajales apunta en su estudio de esta batalla que: "El dispositivo previsto por el general Villa para el ataque del día siguiente (7 de abril) lleva implícito el germen de la derrota. En la distribución de sus fuerzas, no se advierte ninguna idea de maniobra, ningún propósito de obtener la superioridad en determinado sector y dirección, ni siquiera el deseo de formar una reserva general. La acción será simultánea y uniforme sobre todo el frente. . ."

En efecto, el ataque se dio como un choque frontal a cargo de tres brigadas de infantería (Bracamontes, Triana y González), apoyadas en segundo escalón por tres brigadas de caballería (De la Peña, Reyes y San Román), y por la artillería repartida en dos baterías por agrupamiento de combate.

El ataque se inició en las primeras horas de la madrugada del citado día 7 de abril. Las tropas villistas en seguida mostraron su característica violencia, su absoluto desprecio por la vida; atacaron una y otra vez para estrellarse ante un muro de fuego que constituían los yaquis y otras tropas. A las 9:00 hs. en el sector norte constitucionalista se produjo una crisis motivada por la falta de municiones. El propio general Obregón advirtió el peligro y personalmente ordenó los refuerzos oportunos, así como también activó la refacción de municiones.

En esos momentos recurrió a un ardid, de lo que hoy pudiéramos llamar guerra psicológica; hizo que un joven corneta, Jesús Martínez, perteneciente al 9o. Batallón, tocara diana, lo cual creó confusión en las

El general Francisco Villa, el general Alvaro
Obregón y el general John J. Pershing. A su lado el
entonces teniente Patton, ayudante de Pershing.

Primer reparto agrario. El general Lucio Blanco y
el mayor Francisco Mújica reparten la hacienda
"Los Borregos" de Félix Díaz en Tamaulipas. 1913.

tropas villistas. También en esos momentos se produjo otro problema. El coronel Kloss, comandante de la artillería constitucionalista, ordenó precipitadamente la retirada de sus fuerzas, decisión que motivó que se ordenara su fusilamiento; más tarde las cosas se aclararon y no se llegó a tan drástica medida.

Mientras tanto el general Villa, en vista de tales acciones, ordenó un ataque general.

El escritor Martín Luis Guzmán, en su obra *Memorias de Pancho Villa*, pone en boca de éste las siguientes palabras: "Esta es mi orden. Conforme se lanzan al asalto las líneas de la derecha y de la izquierda, el centro consumará la conquista de las posiciones que ya se nos abandonaron; y rota por allí la resistencia del enemigo, lo envolveremos todos y lo aniquilaremos." En efecto, los villistas marcharon nuevamente al ataque y una vez más fueron contenidos, lo cual aumentó el desgaste moral y material de los atacantes.

Al medio día los constitucionalistas pasaron a la ofensiva. La caballería constitucionalista, al mando de los generales Cesáreo Castro, Maycotte, González y Novoa actuó ofensivamente llevando a cabo un doble envolvimiento sobre el enemigo. Este súbito movimiento creó confusión en las cansadas tropas villistas, que iniciaron la retirada y poco después la desbandada. No se pudo llevar a cabo la persecusión, como se hubiera deseado en virtud que la caballería estaba agotada y por las condiciones desfavorables del terreno.

Las diezmadas huestes villistas se retiraron a Salamanca con objeto de reorganizarse, recibir refuerzos, curar a los heridos y, sobre todo, preparar su nueva operación. La primera batalla de Celaya había terminado con un notable triunfo para el general Obregón, pero la lucha no había terminado, pues Villa no se daba por vencido tan fácilmente.

Villa y Obregón se prepararon a librar lo que se conoce como "segunda batalla de Celaya". Las fuerzas de Obregón fueron convenientemente reforzadas con la llegada de la 1a. División de Oriente, fracciones de la Brigada Gavira, las fracciones de la Brigada de Gonzalo Novoa, dos batallones de obreros, las brigadas de caballería de los generales Porfirio González y Jesús Novoa, y la brigada del general Joaquín Amaro. Con esto, el efectivo del Ejército de Operaciones se elevó a 15,000 hombres (8,000 de caballería) armados con 13 piezas de artillería y 86 ametralladoras. El día 12 llegó un importante convoy de municiones al mando del general Norzagaray, con lo cual quedaron aseguradas las municiones.

Por su parte Villa hacía lo propio. También recibió refuerzos; llegaron las brigadas de José I. Prieto y de José Ruiz; tropas de César Moya; tropas de infantería, caballería y artillería procedentes de Jalisco, elementos al mando de Francisco Carrera Torres y Pánfilo Natera, así como importantes remesas de municiones que desde Ciudad Juárez le enviaba su hermano Hipólito.

El día 13 se inició la segunda batalla de Celaya. Del lado obregonista todo estaba dispuesto; se había aprovechado hasta su máximo el terreno, el cual, surcado por gran número de zanjas y obras de regadío, servía como un magnífico obstáculo contra la caballería villista. Esta avanzó en dos grupos, uno al norte y otro al sur de la vía férrea; la infantería transportada por tren desembarcó en Estación Crespo; la artillería marchó a retaguardia de la infantería.

La batalla se inició a las 5:00 p.m. con tiroteos y acciones de reconocimiento. En esos momentos el general Obregón envió el siguiente mensaje al señor Carranza: "Celaya, abril 13 de 1915. Primer Jefe E.C. Veracruz. Hónrome en comunicar a usted que en estos momentos ha empezado el combate. El general en Jefe A. Obregón."

Las tropas obregonistas se habían desplegado en una forma periférica, como estaba planeado; la caballería quedó convenientemente dispuesta fuera de la plaza, ya que sería el arma encargada de asestar el golpe decisivo.

A las 18:00 hs. el combate se había generalizado, la táctica seguida por los atacantes era igual a la del ataque anterior; es decir, furiosos ataques frontales, violentas cargas de caballería que se estrellaban ante el fuego de la infantería. Ambas artillerías se enfrascaron en un duelo que duró hasta bien entrada la noche.

Durante el día 14, la historia se repitió, los villistas no cejaron en su ataque, buscando sin duda alguna el lugar vulnerable que permitiera la ruptura. El general Obregón se dio cuenta que a ese ritmo los villistas acabarían desangrándose en poco tiempo y entonces sería el momento oportuno para tomar la ofensiva.

Al amanecer del día 15, las tropas constitucionalistas pasaron sorpresivamente a la ofensiva, encabezadas por el propio Obregón. Los villistas, aunque desconcertados, se defendieron valientemente, sin embargo, fueron desplazados de Estación Crespo a la Hacienda de las Trojes por el norte. Por el centro y sur las tropas constitucionalistas hicieron retroceder más rápidamente a los villistas, quedando aislado el núcleo de las Trojes que se aferraba a una posición perdida.

Con lo anterior la derrota de los villistas se consumó, y con ello su retirada. Se efectuó una adecuada persecución con el fin de coronar el brillante triunfo de los constitucionalistas. Al caer la tarde se contaron las pérdidas y ganancias. Los constitucionalistas tuvieron 138 muertos y 276 heridos; los villistas 4,000 muertos, 5,000 heridos y 5,000 prisioneros, perdieron la totalidad de la artillería (32 cañones), 5,000 armas de diferente calibre, 1,000 caballos ensillados; además fueron fusilados dos generales (Manuel Bracamontes y Joaquín Bauche Alcalde) así como 130 jefes y oficiales.

Al anochecer del día 15 de abril de 1915 la batalla había terminado victoriosamente para las fuerzas que defendían a Carranza. Cabe hacer notar que las dos batallas de Celaya han sido las de mayor magnitud en el Continente Americano, a excepción de las libradas durante la Guerra de Secesión en los Estados Unidos de América.

El 16 de abril Villa llegó a Aguascalientes, donde concentró sus fuerzas. Ahí supo que se habían incorporado al general Obregón los generales Murguía y Diéguez, con 10,000 hombres, elevando las fuerzas a 30,000 hombres. Villa también recibió refuerzos, teniendo un efectivo de 35,000 hombres, y una vez más desoyó el consejo de Felipe Angeles, quien le sugería dar la batalla en Aguascalientes. Villa, por el contrario, ordenó un reconocimiento entre las ciudades de León y Silao con el fin de encontrar un lugar adecuado para la batalla decisiva. A fines de abril, los soldados constitucionalistas tomaron algunos poblados y haciendas próximas a Silao, situándose el general Murguía con su caballería en la población de Romita, a 10 km. al poniente de Estación Trinidad. La vanguardia de Obregón, al mando del general Maycotte, hizo lo mismo en Estación Nápoles. Obregón planeaba avanzar sobre Trinidad y de ahí continuar hasta León para desalojar a los villistas.

El jueves 29 de abril del citado año, después de un combate entre los villistas y las fuerzas de Murguía, Obregón decidió avanzar sobre Trinidad. Se efectuó el ataque, pero fue rechazado, logrando finalmente llegar a Estación Nápoles, donde estaba su vanguardia; el viernes 7 de mayo, Obregón estableció su cuartel general en Trinidad. A partir de ese día se libraron combates diarios. El 1o. de junio, los villistas hicieron un audaz ataque sobre Silao, Santa Ana del Conde y otros puntos de menor importancia. Esto hizo que Murguía y Castro presionaron a Obregón para efectuar el ataque que decidiría la campaña. El 3 de junio, mientras se preparaba el ataque, una bala de cañón cayó en Santa Ana del Conde y arrancó un brazo al general Obregón, quedando gravemente herido. Ante tal circunstancia el general Hill quedó al mando y decidió atacar el 5 la ciudad de León. Los villistas opusieron una feroz resistencia, pero en vano, pues la ciudad cayó en poder del general Murguía.

De este valiente general, dice el general Juan Barragán en su *Historia del ejército y la Revolución Constitucionalista* que: "Así como sólo al genio militar del general Alvaro Obregón se debió la victoria de Celaya, quedando consagrado desde entonces con el glorioso título de «héroe de Celaya», con idéntica solvencia moral, debe admitirse que al valor, a la pericia y a la decisión del general Francisco Murguía se debió la brillante jornada de León, que culminó con la derrota completa del ejército de Francisco Villa."

Obregón prosiguió su avance hasta la ciudad de Aguascalientes donde se había concentrado Villa con la esperanza de enfrentarse y vencer a los constitucionalistas. El 10 de julio las fuerzas carrancistas derrotaron a los villistas, epilogando así esta sangrienta campaña que se había iniciado en Celaya. Las bajas villistas fueron de 1,500 hombres entre muertos y heridos, además de 2,000 prisioneros; se calcularon 5,000 los dispersos y se capturaron 8 trenes, 4 millones de cartuchos y 9 cañones, 22 ametralladoras y 4,000 fusiles. Así, la División del Norte, como gran unidad combatiente, había dejado de existir. El propio Obregón lo describe así: "Es indiscutible que la División del Norte hizo tenaz resistencia en Aguascalientes, pero prácticamente lo que en realidad peleó en esa población del centro de la República fue el enorme prestigio del general Villa, en virtud de que ya no era posible detener el avance del general Obregón, cuyo ejército había crecido considerablemente por las defecciones villistas, la actitud pasiva de otros jefes como Urbina, Natera y Rosalío Hernández, la falta de suficientes elementos de guerra negados ya por los Estados Unidos."

Mientras Villa tomaba definitivamente el camino al norte, todavía algunos de sus lugartenientes, como Fierro y Reyes, causaron algunos problemas en el centro de la República, siendo derrotados finalmente.

Carranza comprendió que era necesario volver a ocupar la ciudad de México, capital de la República y principal centro económico, social e industrial del país. Por ello, ordenó al general Pablo González que batiera a las fuerzas villistas, y sobre todo zapatistas, que ocupaban el Valle de México. Después de una corta campaña, el 2 de agosto de 1915 volvieron a entrar a la capital de la República las tropas constitucionalistas.

El resto del año de 1915 se caracterizó por una serie de combates entre constitucionalistas y villistas, en los que éstos fueron derrotados paulatinamente por aquéllos; poco a poco el centro y el norte del país pasaba al dominio de Carranza. Todavía Villa intentó una nueva aventura bélica en Sonora, donde fue nuevamente derrotado en Agua Prieta, Hermosillo y otros lugares, por lo cual tuvo que regresar al estado de Chihuahua, ya no como el poderoso jefe de la División del Norte, sino como un jefe de guerrillas que durante algunos años causó graves problemas nacionales e internacionales al gobierno.

Con el fin de consolidar su gobierno, Carranza decidió emprender una gira por el norte del país, y el 19 de octubre en la ciudad de Torreón, lo sorprendió una buena noticia: el gobierno de Wilson reconocía al gobierno de la Revolución. En ese lugar recibió el siguiente telegrama: "Washington, D.C. 19 de octubre de 1915. Señor V. Carranza, Torreón, Coah. A continuación transcribo a usted textualmente la nota que con fecha de hoy recibí del señor Roberto Lansing, Secretario de Estado del Gobierno de los Estados Unidos:

"Querido señor Arredondo. Tengo el placer de informarle que el Presidente de los Estados Unidos aprovecha esta oportunidad para extender su reconocimiento al Gobierno de «Facto» de México, en el cual el señor don Venustiano Carranza figura como Jefe del Ejecutivo. El gobierno de los Estados Unidos tendrá placer en recibir formalmente, en Washington, al representante diplomático de dicho gobierno de «Facto» tan pronto como plazca al señor Carranza designarlo y extenderle su nombramiento; y recíprocamente el gobierno de los Estados Unidos acreditará ante el gobierno de «Facto» un representante diplomático, tan pronto como el Presidente tenga oportunidad para nombrarlo. Agradeceré a usted que se sirva anunciar esta noticia al señor Carranza, con la brevedad que usted considere posible y oportuna. Quedo de usted sinceramente. R. Lansing." Asimismo, informaba el señor Arredondo haber recibido notas similares de los gobiernos de Argentina, Brasil y Chile.

Con esos reconocimientos el gobierno de Carranza obtenía el apoyo internacional que tan importante y necesario le era. Poco a poco el gobierno de la Revolución se consolidaba.

El reconocimiento de los Estados Unidos a Carranza produjo en Villa profundo enojo, puesto que con ello carecería de las facilidades que hasta antes había tenido para adquirir armamento y municiones en aquel país. Por esos años Villa se había convertido, como ya hemos dicho, en el antiguo guerrillero que fuera al inicio de la Revolución; lo seguían un grupo de hombres incondicionales. Dos de ellos, Pablo López y Rafael Castro, asaltaron un tren el 10 de enero de 1916, en el cual viajaba un grupo de norteamericanos, empleados de la compañía minera American Smtelgin and Refining Company. Los villistas los hicieron bajar del tren y los fusilaron sin causa alguna; tan sólo uno de ellos, Thomas H. Hoolmes, logró salvarse malherido y fue el que informó lo ocurrido. Esta matanza ocurrió en la estación ferroviaria de Santa Isabel. El gobierno de los Estados Unidos presentó una reclamación al gobierno de Carranza y pedía una indemnización que se elevaba a 1.280,000 dólares. El gobierno mexicano no aceptó la reclamación desde el punto de vista jurídico, aunque reconoció que moralmente era justificada. Sin embargo, el gobierno constitucionalista dejó fuera de la ley a Villa mediante el siguiente Decreto:

"Venustiano Carranza, Primer Jefe del Ejército Constitucionalista y Encargado del Poder Ejecutivo de la Unión, en uso de las facultades extraordinarias de que me encuentro investido y considerando: Que la frecuencia con que están repitiéndose los atentados por las gavillas de bandidos que han quedado dispersos, en diversos lugares del país después de que el Ejército Constitucionalista aniquiló a la reacción armada, reclama enérgicas medidas de represión y un severo castigo para los responsables de tales crímenes; y en vista del último atentado que cometieron en un punto distante 8 kilómetros al oeste de Santa Isabel, del estado de Chihuahua, los forajidos que capitanean los cabecillas Rafael Castro y Pablo López, pertenecientes a las fuerzas de Francisco Villa, de quien reciben órdenes, asaltando un tren de pasajeros y dando muerte a 18 norteamericanos, según el precedente establecido por el gobierno constitucionalista en casos análogos registrados anteriormente, he tenido a bien expedir el siguiente Decreto: Artículo

Escena típica de la Revolución. Un grupo de rurales embarcando su caballada antes de salir a campaña.

1o. Queda fuera de la ley el cabecilla reaccionario ex general Francisco Villa. Artículo 2o. Quedan fuera de la ley los reaccionarios ex general Rafael Castro y ex coronel Pablo López. Artículo 3o. Cualquier ciudadano de la República puede aprehender a los cabecillas Francisco Villa, Rafael Castro y Pablo López y ejecutarlos sin formación de causa, levantando una acta que haga constar su identificación y su fusilamiento. Dado en la ciudad de Querétaro a los 14 días del mes de enero de 1916. V. Carranza."

Sin embargo, dos meses después se produjo otro incidente mucho más grave que el anterior. El 9 de marzo Francisco Villa y sus seguidores atacaron por la noche el pequeño pueblo de Columbus, Nuevo México. En el asalto murieron tres soldados y cinco civiles, y heridos siete soldados. Varios locales comerciales así como casas particulares fueron robados e incendiados. Dos horas después los villistas cruzaron la frontera para regresar a México. El pretexto de esta acción fue la negativa de un judío llamado Rabael, que no quiso devolver un dinero entregado por los villistas para adquirir municiones.

El escándalo que este suceso produjo en ambos países fue mayúsculo. En los Estados Unidos un sector de la prensa pedía que se declarara la guerra a México; otros pedían la cabeza de Villa. El gobierno americano envió al gobierno constitucionalista, por medio de su representante Silliman, una nota que decía: "...esta parece ser la situación más seria en que este gobierno se ha visto colocado durante el completo periodo de disturbios en México, y que se espera que él hará todo lo que esté en su posibilidad para perseguir, capturar y exterminar a este elemento bandolero que ahora marcha rumbo al poniente de Columbus."

Carranza respondió al Secretario de Estado en los siguientes términos: "Recordando esos antecedentes (los ataques de los indios pieles rojas en ambos países) y los buenos resultados que para ambos países produjo el acuerdo aludido, el gobierno que preside el C. Primer Jefe, deseoso de exterminar en el menor tiempo posible la horda que encabeza Francisco Villa... se dirige al gobierno de los Estados Unidos en solicitud del permiso necesario para que fuerzas mexicanas puedan pasar a territorio americano en persecusión de esos bandidos, concediendo la reciprocidad debida a las fuerzas de Estados Unidos para pasar a territorio mexicano si la irrupción de Columbus se repitiera desgraciadamente en cualquier otro punto de la línea fronteriza." Esto fue aprovechado por los Estados Unidos, cuyo gobierno ordenó al general John J. Pershing entrara a México, iniciándose así la "Expedición Punitiva".

La intransigencia, el odio y la irreflexión de Villa habían producido este gravísimo incidente en el cual, por otra parte, los Estados Unidos habían interpretado erróneamente el mensaje de Carranza, puesto que en él se establecía la condición de que volviera a repetirse un asalto villista, lo cual no ocurrió. Las tropas americanas, al mando del general Pershing, estaban constituidas por la 1a. Brigada, al mando del coronel James Lockett; la 2a. Brigada, al mando del coronel John J. Beacon; además de los servicios logísticos necesarios, haciendo un total de seis mil hombres; posteriormente este contingente fue reforzado elevando aún más aquella cantidad.

El general Pershing llevaba instrucciones precisas de su gobierno de respetar la soberanía de México, lo cual fue comunicado, además, por el Departamento de Estado a Carranza en términos parecidos. El gobierno mexicano, al conocer la entrada de la fuerza extranjera, envió órdenes a los jefes del Ejército Constitucionalista informándoles de sus esfuerzos diplomáticos y que como medida de prevención, deberían situar sus tropas en puntos convenientes para impedir la invasión de soldados americanos a territorio nacional.

Mientras las tropas norteamericanas buscaban infructuosamente a Villa en Chihuahua, ambos gobiernos comenzaron una serie de intercambios diplomáticos que también resultaron vanos. El gobierno mexicano hizo llegar también serias advertencias, en el sentido de que las tropas americanas no debían internarse más al sur, puesto que podría producirse un choque armado con las tropas mexicanas. A pesar de dichas advertencias, el 18 de junio de 1916, el general Pershing ordenó al capitán Boyd que, con una fracción de tropas del 10o. Regimiento de Caballería, marchara hacia el rancho de Santo Domingo, situado a inmediaciones del pueblo de El Carrizal, con el fin de unirse a la columna del capitán S. Morey. Cerca de El Carrizal se encontraban unos soldados del 2o. Regimiento de Caballería, de la Brigada "Canales" al mando del teniente coronel Genovevo Rivas Guillén, tropa que se iba a unir al 1er. Regimiento, quedando todos a las órdenes del general Félix U. Gómez, en número de unos 300 soldados. El día 21 de junio en la mañana, los soldados mexicanos vieron avanzar a los soldados norteamericanos; informado de esto, el general Gómez ordenó al teniente coronel Rivas que hablara con los oficiales norteamericanos. La entrevista resultó infructuosa, y el comandante norteamericano ordenó a sus tropas que avanzaran, ante lo cual el general Gómez ordenó al trompeta que tocara fuego, iniciándose el tiroteo en el cual el general mexicano fue muerto; poco después corrían la misma suerte el capitán Boyd y el teniente Adair. Este combate agudizó las diferencias entre ambos gobiernos, que volvieron a reunirse en New London, con el fin de tratar de encontrar una solución. Se prosiguieron en Atlantic City y finalizaron el 24 de noviembre de 1916, al firmarse un tratado por el cual la "Expedición Punitiva" debía abandonar el territorio mexicano.

Sin embargo, fue hasta el 6 de febrero de 1917, cuando el general Pershing regresó a su país sin haber logrado su objetivo. Con ello se terminaba un capítulo que había enconado las relaciones entre México y los Estados Unidos, en una época en que era tan necesaria la concordia y sobre todo cuando en Europa surgían amenazadores presagios de una guerra con los Estados Unidos.

Para finalizar este capítulo, nos referiremos a algunas leyes de índole social que fueron expedidas por los revolucionarios.

En una de ellas, publicada por el general Obregón, se establecía un salario mínimo para los trabajadores del campo y de la ciudad de los estados de Michoacán, Querétaro, Hidalgo y Guanajuato. Este decreto fue ratificado por Carranza y se hacía notar que se iría extendiendo a medida que el gobierno ampliara su control al resto de la República.

Villa tampoco se quedó atrás, pues aunque nunca tuvo grandes ideas sociales, fue aconsejado para ganarse la simpatía de los campesinos y publicó una ley de carácter agrario, el 6 de enero de 1915, en la Gaceta Oficial del gobierno de Chihuahua; sin embargo, dicha ley nunca se aplicó.

También por esos años, en el lejano Yucatán, se celebraba el Primer Congreso Feminista, como resultado de la convocatoria que expidió el general Alvarado, gobernador y comandante militar en aquel Estado.

En Veracruz, por otra parte, tuvo lugar un Congreso de sindicatos en el cual se aprobó una Declaración de Principios, quedando constituida la Confederación de Trabajadores de la Región Mexicana. Fue importante este Congreso porque se aceptó la lucha de clases, la socialización de los medios de producción y como táctica de lucha, la acción directa, es decir, principios y tácticas del socialismo internacional.

Curiosa fotografía de los revolucionarios al proclamar el "Plan de Agua Prieta". 1920.

8

Venustiano Carranza convoca a un Congreso Constituyente. La Constitución de 1917. Venustiano Carranza es electo Presidente de la República. El Gobierno Carrancista.

Aun cuando Carranza había denominado a su movimiento Constitucionalista, y había enarbolado la bandera de la legalidad representada por la Constitución de 1857, la cual había sido violada por Huerta, durante la lucha surgieron ideas y anhelos largamente reprimidos en el pueblo mexicano. Existían importantes grupos ideológicos influidos por las grandes corrientes socialistas, comunistas y anarquistas, aunque en número bastante reducido. El problema primordial era el de la tierra, el que Zapata había hecho suyo y proclamado en el Plan de Ayala. Existían los grandes latifundios del norte de la República y, frente a ellos,

los anhelos, las insatisfacciones, la injusticia milenaria que se había cometido contra los millones de campesinos que no poseían ni siquiera el pedazo de tierra en que precariamente vivían. Por otra parte, los obreros, estrato pequeño, pero con una conciencia de clase, exigía un lugar digno en la nueva sociedad mexicana, ya que también habían pagado su cuota de sangre en su intervención revolucionaria. Existía también una clase media, inteligente y combativa, que ya no quería ni podía soportar los privilegios de la pseudoaristocracia porfiriana. Todas estas corrientes, aunque inconexas, pugnaban por unirse y dar a México un nuevo orden social.

Así comenzaron a surgir grupos que proclamaban, primero tímidamente y luego abiertamente, la necesidad de reformar la Constitución de 1857. Otros grupos pugnaban por crear una nueva Carta Magna que aglutinara todas aquellas esperanzas, anhelos y necesidades del pueblo mexicano. Mucha sangre se había derramado y todos estaban conscientes de la necesidad de acabar con privilegios seculares, de crear una nueva democracia que terminara con el sistema de los "jefes políticos". Todos, en fin, esperaban que fuera una realidad el lema de "sufragio efectivo, no reelección" que Madero había propuesto para iniciar la Revolución contra el viejo caudillo Porfirio Díaz.

Por otra parte, en el nuevo ejército habían surgido algunas figuras con ideas avanzadas, como Francisco J. Múgica, Heriberto Jara, Esteban Baca Calderón; otros, civiles, como Luis G. Monzón, Luis Manuel Rojas, Juan de Dios Bojórquez. Estos ideólogos propugnaban no por modificaciones a la Constitución del 57 sino por una nueva Constitución.

Carranza se dio cuenta de estas profundas inquietudes, pero nada pudo hacer hasta no terminar con la lucha civil provocada por la escisión revolucionaria. Pero con las batallas de Celaya, León, Aguascalientes, en las que el villismo fue derrotado definitivamente, la situación del país comenzó a aclararse, y se llegó al momento en que había que resolver esos arduos problemas. Ya durante la Revolución, Carranza, al reformar y adicionar el Plan de Guadalupe, había hecho notar su disposición de dictar nuevas leyes de carácter social. Al hacer aquellas reformas había dicho: "El Jefe de la Revolución expedirá y pondrá en vigor durante la lucha, todas las leyes, disposiciones y medidas encaminadas a dar satisfacción a las necesidades económicas, sociales y políticas del país, efectuando las reformas que la opinión exige como indispensables para restablecer el régimen que garantice la igualdad de los mexicanos entre sí."

Al respecto es necesario recordar la Ley del 6 de enero de 1915, de claros tintes sociales, por la cual se declaraban nulas las enajenaciones de tierras comunales de nativos; igualmente se declaraban nulas las composiciones, concesiones y ventas hechas por la autoridad federal. Otro claro indicio de su deseo de elaborar una nueva Constitución lo encotramos en el telegrama que envió a su colaborador Eliseo Arredondo, en Washington, y en el cual le decía: "Cuando la paz se restablezca convocaré Congreso debidamente electo por todos los ciudadanos, el cual tendrá carácter de Constituyente, para elevar a preceptos constitucionales las reformas dictadas durante la lucha."

Finalmente, el 14 de septiembre de 1916, se publicó el Decreto que reformaba los artículos 4o., 5o. y

6o. del Plan de Guadalupe, y se convocaba a un Congreso Constituyente en el cual se esperaba que ". . .la nación entera exprese de manera indubitable su soberana voluntad, pues de este modo, a la vez que se discutirán y resolverán en la forma y vía más adecuadas todas las cuestiones que hace tiempo están reclamando solución que satisfaga ampliamente las necesidades públicas, se obtendrá que el régimen legal se implante sobre bases sólidas en tiempo relativamente breve y en términos de tal manera legítimos que nadie se atreverá a impugnarlos". Como pasos previos a la reunión del Congreso Constituyente, el 19 de septiembre se publicó la Convocatoria a la Reunión Constituyente. En el primer artículo se convocaba al pueblo mexicano a elecciones de diputados al Congreso, que debería reunirse en la ciudad de Querétaro a partir del 1o. de diciembre. Se celebraron las elecciones y acudieron a esa ciudad, cuna de la Constitución, 200 diputados aproximadamente.

Entre los diputados reunidos en Querétaro surgieron los grupos políticos que ya se perfilaban por sus orientaciones ideológicas. Hubo el grupo "liberal", el grupo "renovador", entre otros. Las actividades se iniciaron con once juntas preparatorias en total. Los diputados formaban un apretado grupo representante de las más disímbolas clases sociales del pueblo mexicano; había, desde luego, un grupo importante de militares o "ciudadanos armados", como se les llamaba en aquel entonces, así como grupos de licenciados, ingenieros, algunos periodistas, campesinos, etc.

El Congreso inició sus importantes y dramáticas sesiones el 1o. de diciembre de 1916. Veamos cómo lo describe un testigo presencial y actual superviviente, el profesor e historiador Jesús Romero Flores: "El recinto del Congreso estaba lujosamente engalanado; en el fondo se encontraba el estrado de la mesa directiva, al pie del foro la tribuna para los oradores y las mesas de taquígrafos parlamentarios; en todo el salón se instalaron las curules de los diputados en las plateas, los lugares señalados al cuerpo diplomático, secretarios de Estado, militares y representantes de la prensa, los palcos estaban atestados de un numeroso público de todos los sectores sociales, siendo el pueblo quien en mayor número asistía, campesinos y obreros de las fábricas inmediatas a Querétaro, ocupaban los palcos y galerías. Ocupó el estrado el señor Carranza, el sitio de honor, teniendo a su derecha al presidente del Congreso y distribuidos en los demás sitiales los miembros de la mesa directiva, los secretarios de Estado y al señor general Federico Montes, gobernador de Querétaro. El licenciado Rojas, en medio de un silencio general, declaró: «El Congreso Constituyente abre hoy, día primero de diciembre de mil novecientos dieciséis, su único periodo de sesiones.» Después el señor Carranza dio lectura al informe que fue escuchado con sumo interés, y en el cual hacía un sesudo análisis de la Constitución de 1857 que trataba de reformarse; de las causas en que se fundaban esas reformas, y finalmente, de los artículos que a su juicio deberían ser modificados. Puso en manos del señor Presidente del Congreso el Proyecto de Reformas que sometía al estudio y deliberación de la Asamblea."

Dicho proyecto de Reformas pareció muy tibio a muchos diputados, y el grupo que constituía lo que podría llamarse "el ala izquierda" lo objetó. Se propusieron y se discutieron acaloradamente nuevos proyectos y de ahí salieron los artículos 3o., 27o., 28o., 123o. y 130o., que son los de mayor contenido político y social.

Uno de los artículos que mayor discusión provocó, y que hasta la fecha es uno de los más combatidos, es el artículo 3o. referente a la educación. En él se establecía que "la enseñanza es libre, pero será laica la que se dé en los establecimientos oficiales de educación, lo mismo que la enseñanza primaria elemental y superior que se imparta en los establecimientos particulares". Se establecía, además, que "ninguna corporación religiosa, ni ministro de algún culto, podrán establecer o dirigir escuelas de instrucción primaria", que "las escuelas primarias particulares sólo podrán establecerse sujetas a la vigilancia oficial" y, finalmente, que "en los establecimientos oficiales se impartirá gratuitamente la enseñanza primaria". Este artículo fue posteriormente reformado, pero en su época se consideró como una conquista social muy importante.

El artículo 3o., que estableció la enseñanza laica, se completó con el 130o. que confirmaba la separación entre la Iglesia y el Estado. La esencia de ese artículo es la siguiente: "Corresponde exclusivamente a los poderes federales ejercer en materia de culto religioso y disciplina externa, la intervención que designen las leyes. El Estado y la Iglesia son independientes entre sí. El Congreso no puede dictar leyes estableciendo o prohibiendo religión alguna..."

Los otros dos artículos que provocaron encendidos debates y largas discusiones para su aprobación, fueron el 27o. y el 123o. El grupo llamado de "izquierda" fue el que más pugnó por su aprobación. El artículo 27 señala que las tierras y las aguas son propiedad de la nación y al derecho de la misma de imponer a la propiedad privada las modalidades que exija el interés público. Otro punto muy importante era el de la expropiación por utilidad pública, el cual se complementaba con la afirmación tajante de que la nación era dueña de los recursos del subsuelo, considerados como un dominio inalienable e imprescriptible. En esto último se econtraban los fundamentos que años más tarde harían posible la expropiación petrolera; aquel grupo de visionarios hizo posible que años más tarde México rescatara su petróleo de manos extranjeras, en 1938.

Por otra parte, el artículo 27 se convirtió también en la base legal de la reforma agraria, asunto de vital importancia para México. En las discusiones previas se supo que cerca de tres millones de peones no poseían tierra alguna, mientras once mil propietarios eran dueños de dos terceras partes del territorio nacional; entre ellos había 834 que poseían 1.300,000 kilómetros cuadrados, es decir, *casi dos tercios* de la República.

El artículo 27 se aprobó; todavía constituye en la actualidad la base de la Reforma Agraria y es uno de los más adelantados desde el punto de vista social, pues ha contribuido al fortalecimiento de la independencia económica de México, además de haber posibilitado la expropiación del petróleo, aseguró otro tipo de riquezas como el azufre y el uranio.

El artículo 123 fue otro de los más adelantados en materia social, ya que fija las relaciones entre obreros y patronos y establece las bases de un trabajo más humano y justo. Los diputados constituyentes que más participaron en la elaboración y redacción del citado artículo fueron el licenciado José N. Macías, el ingeniero Pastor Rouaix, el diputado Rafael L. de los Ríos, además de contar con la influencia del licenciado Andrés Molina Enríquez. En el 23 se establecieron normas para el salario mínimo, la jornada de ocho horas, el trabajo de los menores de edad. Fue, sin lugar a dudas, una de las grandes conquistas sociales de aquellos años.

Una vez terminado el texto de la nueva Constitución, se escogió el 5 de febrero de 1917 para que fuera proclamada. En la sesión de clausura el licenciado Luis Manuel Rojas, en una parte de su discurso se dirigió al señor Carranza, en los siguientes términos: "Si en algunos puntos se ha ido un poco más allá de lo que vuestra sabiduría había indicado como un término medio, justo y prudente de las encontradas tendencias nacionales, el calor de la juventud, que ha seguido la gloriosa bandera enarbolada por usted en Guadalupe, su entusiasmo revolucionario después de la lucha, y su natural afán de romper los viejos moldes sociales, reaccionando así contra inveterados vicios del pasado, explican suficientemente los motivos habidos en el seno de esta Asamblea para apartarse algo de la senda serena y perfectamente justificada que usted nos había trazado... De cualquier manera que se piense, es claro que la obra legislativa que surge de este Congreso, como punto admirable de la gran Revolución Constitucionalista, había de caracterizarse por su tendencia a buscar nuevos horizontes y a desentenderse de los conceptos consagrados de antaño en bien de las clases populares que forman la mayoría de la población mexicana, que han sido tradicionalmente desheredadas y oprimidas."

Y, en efecto, el 5 de febrero de 1917 se promulgó solemnemente la nueva Constitución que otorgaba a México la posibilidad de mejores condiciones sociales. El 6 de febrero se convocó al pueblo para elecciones de Presidente de la República, senadores y diputados para un próximo periodo constitucional. Las elecciones se efectuaron el 11 de marzo de ese año, resultando Presidente de la República, Venustiano Carranza, quien había conducido al pueblo de México a la victoria. El 15 de abril tuvo lugar la apertura del nuevo Congreso y el 1o. de mayo ocupó la Presidencia el antiguo Primer Jefe del Ejército Constitucionalista y Encargado del Poder Ejecutivo. México entraba así al camino del derecho.

El primer gabinete constitucional quedó integrado de la siguiente forma: Relaciones Exteriores, licenciado Ernesto Garza Pérez, Subsecretario, encargado del Despacho; Gobernación, licenciado Manuel Aguirre Berlanga, Subsecretario; Hacienda, Rafael Nieto, Subsecretario; Guerra y Marina, general Jesús Agustín Castro, Subsecretario; Comunicaciones, Manuel Rodríguez Gutiérrez, Subsecretario; Fomento, ingeniero Pastor Rouaix; Industria y Comercio, ingeniero Alberto J. Pani; Departamento de Salubridad, Dr. y Gral. José Siurob; Gobernador del Distrito Federal, general César López de Lara. El Poder Judicial quedó integrado por los ministros Enrique M. de los Ríos, Enrique Colunga, Victoriano Pimentel, Agustín del Valle, Enrique García Parra, Manuel E. Cruz, Enrique Moreno, Santiago Martínez Alomía, José M. Trechuelo, Alberto González y Agustín Urdapilleta.

El general Alvaro Obregón, que había sido Secretario de Guerra y Marina, presentó su renuncia explicando que ya no eran necesarios sus servicios; se retiró a su natal Sonora a esperar el desarrollo de los acontecimientos. Ahí como un moderno Cincinato se iba a dedicar a las labores agrícolas.

En esos meses hubo también elecciones para gobernadores de los Estados. Como era lógico, resultaron electos un gran número de generales, pues ellos eran los vencedores de la Revolución. En Jalisco fue gobernador el general Manuel M. Diéguez, famoso desde la huelga de Cananea y que pocos años después perdería la vida al ser fusilado en la rebelión delahuertista; en Veracruz fue gobernador el general Cándido Aguilar, yerno del señor Carranza y antiguo revolucionario; en Hidalgo, el general Nicolás Flores; en Campeche, el general Joaquín Mucel; en Sinaloa, el general Ramón F. Iturbe, otro antiguo revolucionario de la época maderista; en Sonora, el general Plutarco Elías Calles, futuro Presidente de la República; en Zacatecas, el general Enrique Estrada; en Guerrero, el general Silvestre Mariscal; en Durango, el general Domingo Arrieta, también antiguo revolucionario; en Michoacán el general e ingeniero Pascual Ortiz Rubio, también futuro Presidente de la República.

Desgraciadamente el país distaba mucho de estar en paz, a pesar de los esfuerzos conciliatorios de Carranza. Grupos de villistas, zapatistas y felixistas merodeaban en los estados de Chihuahua, Morelos y Veracruz. Zapata, el eterno rebelde, dominaba casi todo el estado de Morelos, pues tan sólo las principales ciudades estaban en manos del gobierno. Félix Díaz había vuelto al país y operaba en Veracruz, el istmo de Tehuantepec e incluso tenía partidarios en el lejano Chiapas. En la importante región de las Huastecas, zona petrolera por excelencia, actuaba el general Manuel Peláez, quien se encontraba estrechamente vinculado con las compañías petroleras extranjeras.

Carranza comprendió que para acabar con aquellos grupos rebeldes, era necesario reorganizar el ejército constitucionalista y darle un carácter profesional. En consecuencia, decretó la creación de una escuela que formara a los futuros oficiales del nuevo ejército. Se comenzaron a elaborar estudios, a plantearse diversos planes y consideraciones sobre cuál sería la nueva institución docente de la Revolución. Finalmente, el 20 de julio de 1916, los proyectos se convirtieron en realidad, ya que ese día nació la Academia de Estado Mayor, que tendría la misión de "impartir la enseñanza correspondiente mientras se establecen los planteles necesarios, en los cuales la educación habrá de ser más amplia".

El 20 de octubre de ese mismo año, se llevó a cabo la inauguración de la Academia, presidida por el Presidente Carranza y los generales Alvaro Obregón, Benjamín Hill, Francisco L. Urquizo, entre otros. Fue nombrado director, el ingeniero Angel Vallejo, antiguo general que había pertenecido al extinto ejército federal. Pero esta institución castrense cesó en sus funciones el 31 de diciembre de 1919, cuando estaba por reabrirse el Colegio Militar.

Otra institución docente militar muy importante que nació por esos días, fue la Escuela Constitucionalista Médico Militar, creada el 1o. de enero de 1917, gracias a los esfuerzos de los doctores militares Enrique Osorno y Guadalupe García García y de un selecto grupo de colegas.

Otro importante suceso ocurrido en aquellos años fue la creación de una industria militar, con el fin de evitar los problemas devirados de la adquisición de municiones y armamento del exterior, principalmente de los Estados Unidos de América. El licenciado Cabrera, en su obra *Herencia de Carranza*, escribió importantes conceptos a este respecto; entre ellos decía que Carranza: "No es que no supiera que el material de guerra podríamos obtenerlo en suficiente cantidad y más barato comprándolo en los Estados Unidos, que han sido los grandes proveedores de armas y parque durante los últimos diez años; pero en su deseo de autonomía no quería que continuáramos siendo juguete del estira y afloja, de embargo y desembargo de armas... Entiéndase bien que el problema de la fabricación de armas y parque no lleva a finalidad internacional, sino una tendencia autonomista: la solución de nuestros problemas militares no estaba en nuestras manos, sino en las de los que nos vendieran o no el material indispensable para la pacificación. Lo que Carranza pretendió siempre al procurar que México se bastara en materia militar, era lo mismo que pretendía en lo internacional: que ninguna nación extranjera tuviera ingerencia ni pudiera influir en nuestros asuntos interiores."

El año de 1919 fue muy importante, pues en su curso ocurrieron acontecimientos trascendentales. El primero de ellos fue la muerte del jefe suriano Emiliano Zapata, quien, como hemos señalado, no quiso someterse a ninguno de los gobiernos anteriores y, desde luego, también se negó a reconocer el de Carranza. En los primeros meses de ese año, le dirigió una carta al Presidente Carranza, escrita con palabras muy duras; en ella le decía: "Nadie cree ya en usted, ni en sus dotes de pacificador, ni en sus tamaños como político y como gobernante... Es tiempo de retirarse, es tiempo de dejar el puesto a hombres más hábiles y más honrados. Sería un crimen prolongar esta situación de innegable bancarrota moral, económica y política... La permanencia de usted en el poder es un obstáculo para hacer obra de unión y de reconstrucción. Por la intransigencia y los errores de usted, se han visto imposibilitados de colaborar en su gobierno hombres progresistas y de buena fe que hubieran podido ser útiles a México... Esos hombres, esos intelectuales, esa juventud pletórica de ideales, esa gente nueva, no mancillada, no corrompida, ni gastada, esos revolucionarios de ayer, se han apartado de la cosa pública llenos de desencanto, esos jóvenes que se han iniciado en los grandes principios de la Revolución y sienten infinitamente ansia de realizarlos, esos enamorados del ideal, que hoy llevan el alma impregnada de anhelo por un gobierno honrado, fuerte, impulsado por anhelos generosos y atento a cumplir los compromisos contraídos en hora solemne. Pero por deber y por honradez, por humanidad y por patriotismo, renuncie usted al alto puesto que hoy ocupa y desde el cual ha producido la ruina del país."

Esta carta, aunque exagerada, describía una situación de inquietud y sobre todo confirmaba un foco latente de insurrección en Morelos. En consecuencia, el Presidente Carranza ordenó al general Pablo González que intensificara sus operaciones contra Zapata. El general González planeó eliminar al caudillo suriano mediante una emboscada; para ello se valió de uno de sus jefes incondicionales, el coronel Jesús Guajardo, quien fingió estar descontento con el gobierno y manifestó sus deseos de aliarse o pasarse a las filas zapatistas. El astuto coronel Guajardo logró convencer a Zapata, a pesar de que éste era muy desconfiado. En una carta que Zapata le envió a su futuro asesino, le decía: "Aquí con nosotros, contribuirá usted al triunfo de la gran causa revolucionaria que lucha por el bien de la clase humilde, y cuando hayamos llegado al triunfo, tendrá usted la satisfacción de haber cumplido con un deber y su conciencia quedará tranquila por haber obrado con justicia."

En efecto, Guajardo logró convencer a Zapata de que fuera a la Hacienda de Chinameca, donde aquél tenía su regimiento. El 10 de abril llegó Zapata a la ex hacienda y al acercarse a la vieja puerta, la guardia que, aparentemente le presentaba armas en su honor, a una orden hizo fuego a él y a la escolta que lo acompañaba. Zapata cayó acribillado a balazos; con él caía la figura legendaria del agrarismo. El cadáver de Zapata fue llevado a la vecina población de Cuautla, donde estuvo expuesto a la curiosidad popular. En tanto que el coronel Guajardo fue ascendido por su hazaña y recibió además una recompensa de 50,000 pesos.

Mientras tanto, la situación política se recrudecía. El general Obregón, figura indiscutible tanto militar como política, había manifestado su deseo de ser candidato a la Presidencia de la República, en tanto que Carranza había elegido como candidato oficial al ingeniero Ignacio Bonillas, hombre honrado pero totalmente desconocido y, desde luego, una sombra al lado de Obregón.

En Chihuahua, en ese año de 1919, ocurrió otro drama importante. El general Felipe Angeles había regresado al país, procedente de los Estados Unidos, se había encontrado con Villa, pero en esta ocasión ya no pudo ni ejercer la influencia que años atrás había tenido, ni tampoco organizar las tropas villistas. Estas, como ya hemos mencionado, se habían convertido en partidas de guerrilleros y habían perdido las características de una fuerza organizada. Decepcionado, Angeles se separó de Villa, pero solo poco o casi nada podía hacer, puesto que él era un hombre que carecía de la popularidad arrolladora de otros caudillos de la Revolución. Sin embargo, dada su inteligencia y la influencia que había ejercido en la División del Norte, era temido y odiado por Carranza; se decía que él había sido uno de los factores más importantes que habían dividido a la Revolución. Cuando el gobierno supo que se encontraba en el estado de Chihuahua, puso precio a su cabeza. El 15 de noviembre de 1919 cayó prisionero en un lugar conocido como Valle de los Olivos, próximo a Parral, y enviado después a la capital del Estado, a donde llegaron la tarde del día 21.

Durante el viaje y posterior cautiverio, el general Angeles mostró, como siempre había sido, un espíritu superior, muy diferente a las mediocridades que lo rodeaban. Fue llevado al cuartel del 21o. Regimiento de Caballería, donde quedó preso, en espera de un Consejo de Guerra. Para llevar a cabo éste, el general Diéguez recibió un telegrama del Presidente Carranza que decía: "Señor general D. Manuel Diéguez. Chihuahua. Enterado de la formación del Consejo de Guerra que juzgará a Felipe Angeles. Cúmplase en todo con la ley, sin admitir influencias de ninguna especie ni en favor ni en contra del reo. Salúdolo afectuosamente. V. Carranza."

Durante los primeros días del cautiverio de Felipe Angeles, se pensó que no se le fusilaría, pero cuando se supo que se le formaría Consejo de Guerra, todo el mundo comprendió que su suerte ya estaba decidida. Los principales periódicos de Chihuahua publicaron la noticia, informando que el acto se celebraría en el Teatro de los Héroes. Se nombró como juez instructor al licenciado Leandro Díaz de León, quien de inmediato pasó a tomar declaración a los detenidos que eran, además de Angeles, el mayor Arce y un joven llamado Antonio Trillo. Los acusados designaron la noche del 22 a los licenciados Alberto López Hermosa y Alfonso Gómez Luna como sus defensores, quienes de inmediato solicitaron amparo de la justicia de la nación, con el fin de suspender el Consejo; sin embargo, la suspensión fue negada por las autoridades militares. En consecuencia se convocó a un Consejo de Guerra extraordinario que debería iniciarse el lunes 24. Ese día se congregó una gran multitud en el teatro con el fin de presenciar el juicio del famoso general revolucionario.

Los miembros del Consejo fueron: Presidente, general Gabriel Gavira; vocales, generales brigadieres Miguel M. Acosta, Fernando Peraldi, Silvino M. García y José Gonzalo Escobar (que encabezaría una sublevación en 1929). Juez instructor, el general y licenciado Leandro M. Díaz de León; asesor, general y licenciado Víctor Prieto; defensor de oficio, licenciado Alfonso Gómez Luna.

Los abogados defensores, desde un principio alegaron que el Consejo no podía juzgar a Angeles como militar, en virtud de que ya no era general, es decir, no figuraba en el escalafón del ejército, y por tanto no se le podía juzgar por el delito de rebelión. Pero todos los esfuerzos de la defensa fracasaron, incluso las gestiones que se hicieron en la capital de la República. El Consejo terminó sus delibaraciones imponiendo al ex general Felipe Angeles la pena de muerte, así como al ex mayor Arce, a quien se le conmutó por la de veinte años de prisión, y al soldado Trillo se le condenó a ocho años.

Según un testigo presencial, el general Angeles recibió la sentencia con una serenidad absoluta, sin mostrar ninguna contracción nerviosa en su cara. Las últimas horas de Angeles fueron tranquilas; se dedicó a escribirle a su esposa (que se encontraba en Nueva York) y a escribir algunos pensamientos. A las 6 de la mañana del día 27 de noviembre de 1919 fue ejecutada la sentencia. En el libro del ingeniero Cervantes sobre Felipe Angeles, se describen estos últimos dramáticos momentos en la siguiente forma: "El cuadro era imponente. La luz mortecina del día apenas iluminaba la estancia en que el general Angeles se hallaba sentado, rodeado ya de muchas personas que, silenciosamente, trémulas de emoción, miraban al reo, el que tranquilamente aguardaba la señal para irse a poner frente a sus ejecutores. Nadie osaba interrumpir aquel silencio. Afuera de la estancia sólo se oían los pasos de los soldados y los oficiales que mandaban: ¡Por la derecha alinearse! A una señal que le hizo el mayor Campos, Angeles se levantó de su asiento, tiró sobre la cama la frazada con que se cubría y dando un fuerte abrazo al licenciado Gómez Luna, dijo en alta voz que era el de despedida para todos y que hacía votos por el restablecimiento de la paz en la República. Luego violentamente, se dirigió al lugar de la ejecución y apenas se había colocado frente al pelotón mandado por el teniente Ramón Ortiz, se escuchó la voz de éste que ordenaba: ¡Fuego! y cayó al mismo tiempo, unísona descarga. El cuerpo del general Angeles, cayó sobre su costado izquierdo en semiflexión con el brazo debajo de la cabeza, con los estertores de la agonía y uno de los soldados de la escolta, le dio el tiro de gracia con que terminó la vida de quien fuera gloria de nuestro ejército nacional." Así terminó la vida del general Felipe Angeles, una de las figuras más sobresalientes y discutidas de la Revolución Mexicana.

Volvamos ahora a la lucha política que iba a culminar con la eliminación de una de sus figuras principales. Como hemos dicho, el general Obregón había determinado que figuraría como candidato a la Presidencia de la República, oponiéndose al candidato de Carranza, ingeniero Bonillas. Todavía no estaban perfectamente definidos los campos políticos, pero poco a poco comenzaron a aclararse. En el gabiente de Carranza figuraba como ministro de Industria y Comercio, el general Plutarco Elías Calles, sonorense y partidario del general Obregón, quien no tardó en presentar su renuncia para retirarse a su Estado natal. Con ello Carranza se daba cuenta de la inminencia de la lucha.

Con motivo de la renuncia de Calles, Carranza dijo: "Estoy hondamente preocupado por la separación del general Calles de mi gabinete, pues siento por él una profunda estimación y además le considero como un patriota de verdad y un revolucionario intachable. Hasta el presente ha sido un leal y sincero colaborador de mi gobierno y tengo la completa seguridad de que si algún día el país y la Revolución se encuentran en peligro, Calles será el hombre que habrá de salvarlos."

La lucha electoral se declaró; por una parte los generales Obregón y González y por la otra Bonillas. Obregón inició su campaña política con una gira por toda la República, que como era de esperarse, estuvo llena de problemas y de incidentes, como el ocurrido en Tampico, donde un grupo de sus allegados sufrió atropellos del comandante militar. Estando en Matamoros, Obregón recibió un telegrama del general Urquizo, encargado de la Secretaría de Guerra, comunicándole que debía presentarse en la ciudad de México, pues el Presidente de la República había ordenado a un juez le abriera un proceso por rebelión, porque sospechaba que tenía relaciones con el general felixista Roberto Cejudo, quien estaba levantado en armas contra el gobierno. El general Obregón se trasladó a la capital, donde estuvo sujeto a una estrecha vigilancia.

Desde Sonora, Calles había advertido la situación y en una carta dirigida al licenciado Zubarán le decía: "Todo el pueblo del Estado se ha dado cuenta exacta de los planes criminales de Carranza y todo el pueblo del Estado, está dispuesto como un solo hombre a defender su tranquilidad y sostener a su gobierno... Yo estoy dispuesto a hacer el sacrificio de mi vida, porque se asiente como principio, que ya no puedan implantarse nuevas dictaduras en México."

Mientras tanto, muchos jefes comenzaban a adherirse a los líderes sonorenses, entre ellos, Roberto Cruz, el coronel Abelardo L. Rodríguez, el coronel Topete, el general Jesús M. Aguirre y muchos otros. Ante los acontecimientos que ocurrían en México, Adolfo de la Huerta, gobernador de Sonora, nombró al general Calles comandante militar del Estado para "que desde luego, asuma el mando de todas las fuerzas militares que actualmente hay en esa entidad y proceda a preparar la defensa de la soberanía de ese mismo Estado". Esto era una tácita declaración de guerra. Poco después la legislatura local rompió relaciones con el gobierno central, y activó el reclutamiento.

El 12 de abril se declararon abiertas las hostilidades cuando De la Huerta designó a Calles como Jefe Supremo de la 1a. División del Cuerpo de Ejército del Noroeste, con órdenes de marchar hacia el sur y combatir a las tropas carrancistas que desembarcarían en Mazatlán. Los generales Cruz y Flores recibieron órdenes en el mismo sentido.

La rebelión empezó a cundir; el general Iturbe se rindió en Culiacán; el general Arnulfo R. Gómez (que intentaría sublevarse en 1927) hizo lo propio en Tampico; Michoacán, Morelos, Tamaulipas, Tabasco, Campeche y Veracruz se adhirieron al movimiento. Enrique Estrada desconoció en Zacatecas a Carranza. Sólo faltaba darle un nombre y un plan al movimiento; correspondería a la pequeña ciudad de Agua Prieta bautizar este nuevo movimiento revolucionario que analizaremos en el siguiente capítulo.

Hemos dejado para el final del presente capítulo un interesante episodio ocurrido en esos años y que, curiosamente, tuvo una trascendencia internacional mucho mayor que en el interior de la República. Nos referimos al famoso telegrama Zimmermann que jugó un papel muy importante para que los Estados Unidos abandonaran su política de neutralidad y entraran a la Primera Guerra Mundial al lado de los aliados.

La historia es, brevemente, la siguiente: El ministro de Relaciones Exteriores alemán, Arturo Zimmermann, pensó en la posibilidad de ofrecer una alianza ofensiva-defensiva a México; así se lo planteó al Kaiser Guillermo II y obtuvo su aprobación. Se planeó la forma de hacer llegar las instrucciones al embajador en México, von Eckhardt, a través del embajador alemán en los Estados Unidos, Conde Alberto von Bernstorff, por considerar este camino como el más seguro. Zimmermann remitió las siguientes instrucciones a Bernstorff: "Absolutamente secreto. Para información personal de su Excelencia y para ser transmitido al ministro imperial en México por vía segura"; a continuación venía el famoso mensaje a Eckhardt: "Pensamos empezar la guerra submarina sin restricciones el primero de febrero. Trataremos a pesar de eso de mantener neutrales a los Estados Unidos; para el caso en que no se lograra, hacemos a México una proposición de alianza sobre los siguientes puntos: Hacer una guerra juntos, generoso apoyo financiero y acuerdo por nuestra parte que México debe recobrar su perdido territorio en Texas, Nuevo México y Arizona. El acuerdo de los detalles se deja a su Excelencia. Informará Ud. al Presidente (de México) en absoluto secreto de lo que procede tan pronto como sea cierta la entrada de los Estados Unidos en la guerra y añada la sugerencia de que él podría por propia iniciativa invitar al Japón y, al mismo tiempo, hacer de mediador entre el Japón y nosotros. Sírvase llamar la atención del Presidente sobre el hecho de que el empleo sin restricciones de nuestros submarinos ofrece ahora la perspectiva de obligar a Inglaterra a firmar la paz dentro de pocos meses. Acuse recibo. Zimmermann."

Este telegrama fue interceptado por la Sala 40 del contraespionaje naval inglés a las órdenes del almirante Reginald Hall, y de inmediato remitido a Washington, donde causó gran revuelo. Poco después el embajador Bernstorff abandonó los Estados Unidos y este país entró en la guerra afiliándose a los aliados. En México, el Presidente Carranza manejó el asunto con habilidad diplomática, negándose a entrar en una dudosa alianza que quizá hubiera comprometido gravemente la integridad de México. Los alemanes habían pensado que si en nuestro país había más de 100,000 hombres sobre las armas, hubieran podido crear un grave problema a los Estados Unidos y haber hecho más lenta la movilización, dando el tiempo necesario para que Alemania asestara el golpe definitivo a los desfallecidos aliados en Europa. Pero Carranza se negó rotundamente y evitó entrar en un compromiso que posiblemente hubiera creado otro conflicto internacional.

9

Obregón desconoce a Carranza. El Plan de Agua Prieta. Salida de Carranza de la ciudad de México. Tlaxcalantongo, mayo de 1920. Muerte del Presidente Carranza. Gobierno de transición de Adolfo de la Huerta. Se inicia el gobierno de Alvaro Obregón.

Veamos ahora cuál era la situación política en los agitados meses del primer semestre de 1920. Carranza había tomado una decisión que resultaría fatal: su candidato a la Presidencia de la República sería el ingeniero Ignacio Bonillas, embajador en los Estados Unidos. Ya hemos dicho que Bonillas era un político totalmente oscuro y, por tanto, no podría rivalizar ni con Pablo González ni muchísimo menos con Obregón.

La campaña política formal se inició el mes de enero de 1920. El día 18, el periódico gobiernista "El Demócrata" publicó un manifiesto del Partido Nacional Democrático, en el que lanzaba formalmente la candidatura de Bonillas. En febrero se reunieron en la capital diecisiete gobernadores, convocados por Carranza, para discutir sobre las próximas elecciones. Los participantes publicaron un manifiesto que expresaba las condiciones políticas que vivía el país; se abstenían de tomar partido por alguno de los candidatos y declaraban que pondrían todo de su parte para que las elecciones fueran limpias; también se insinuaba la posibilidad de una rebelión, mientras que el "Monitor Republicano", periódico de tendencia obregonista, negó la posibilidad de una rebelión. También los partidarios de Obregón se reunieron en la ciudad de México. Entre ellos estaban personalidades como el general Benjamín Hill, el líder yucateco Felipe Carrillo Puerto, el licenciado Miguel Alessio Robles y otros. Estos elaboraron un programa de dieciocho puntos entre los que estaba el sufragio efectivo, la no reelección y la autonomía local y estatal.

La situación hizo crisis en Sonora, donde gobernaba Adolfo de la Huerta, figura de renombre revolucionario. Carranza, con el pretexto de aplacar a la tribu yaqui, decidió enviar al general Manuel M. Diéguez, pero en realidad con la intención de relevar de su cargo al gobernador De la Huerta. Este se dio cuenta de la maniobra y se inició un intercambio de mensajes entre el gobernador y el Presidente.

Para el mes de abril, la situación se hizo muy tensa, pues Carranza insistía en el envío de soldados federales a Sonora, mientras que De la Huerta se oponía vehementemente. En un telegrama enviado el día 7 de abril, el gobernador pedía informes sobre lo que el gobierno del centro pensaba hacer. Carranza respondió que "...no discutiría con un gobierno estatal la conveniencia o inconveniencia de movimientos militares dictados dentro de mis facultades constitucionales". El 8 de abril Calles envió un telegrama a Diéguez indicándole que no debería movilizar sus tropas al Estado, pues con esto se iniciaría una guerra civil. Finalmente, cuando De la Huerta nombró a Calles comandante de la 1a. División del Cuerpo de Ejército del Noroeste, para impedir que las tropas federales desembarcaran en Mazatlán, se hizo evidente la ruptura con el gobierno de Carranza.

El 23 de abril de 1920 se aclararon las cosas. En la pequeña ciudad fronteriza de Agua Prieta, Sonora, se firmó el Plan de ese nombre, en el cual se decía, entre otras cosas: "Cesa en el ejercicio del Poder Ejecutivo de la Federación el C. Venustiano Carranza, los generales, jefes, oficiales y soldados que secunden este Plan constituirán el Ejército Liberal Constitucionalista, el Jefe Supremo del Ejército Liberal Constitucionalista (De la Huerta) asumirá la Presidencia Provisional de la República... El Presidente Provisional convocará a elecciones de Poderes Ejecutivo y Legislativo de la Federación, inmediatamente que tome posesión de su cargo." Lo firmaban, entre otros, Plutarco Elías Calles, Abelardo L. Rodríguez, Fausto Topete, Luis L. León, José M. Tapia (cuñado de Obregón), Francisco R. Manzo, Alejandro Mange, Jesús M. Aguirre.

Mientras tanto el general Obregón se encontraba en la capital de la República estrechamente vigilado y sujeto a proceso por sus pretendidas relaciones con el general felixista Roberto Cejudo. Obregón comprendió que en esa ciudad estaba perdido, por lo cual planeó su fuga para marcharse al norte. Preparó una peliculesca huida, saliendo por tren disfrazado de ferrocarrilero, con la ayuda de Margarito Ramírez. El tren salió el 12 de abril de 1920 rumbo a la ciudad guerrerense de Iguala.

En el estado de Guerrero abundaban los obregonistas. Uno de los primeros en manifestarle su adhesión fue el general Rómulo Figueroa. De Iguala, partió para Coacoyula a caballo, siendo perseguido por el general Fortunato Maycotte, quien le dio alcance en Venta Vieja. En ese lugar sostuvieron el siguiente diálogo: "Qué anda haciendo por aquí, mi general", preguntó Maycotte. "Disfrutando de las garantías que el gobierno otorga a los hombres honrados", contestó Obregón. "¿Y Usted?", agregó. "Vengo a aprehenderlo y a ejecutarlo, según instrucciones que tengo; déme un abrazo", añadió Maycotte. Obregón se había salvado, pues después se dirigieron en compañía de Eduardo Neri y del futuro líder cromista Luis N. Morones a Chilpancingo, capital del Estado. El 20 de abril, el gobierno de Guerrero desconoció al Presidente Carranza. En el resto de la República la Revolución ardía incontenible; se había producido la "huelga de generales", como le llamó el licenciado Luis Cabrera.

En la capital de la República, el gobierno sabía la gravedad de la situación y, sigilosamente, se disponía a abandonar una vez más la ciudad. Pocos, muy pocos militares, apoyaban al vacilante régimen carrancista, entre ellos Manuel M. Diéguez, Marciano González, el valiente Francisco Murguía, así como la Escuela Militar de Aviación y el Colegio Militar, el cual se disponía a escribir otra página de gloria en defensa de las instituciones vulneradas. El Presidente Carranza pensaba refugiarse en Veracruz, el hermoso puerto, donde ya una vez había instalado su gobierno. Antes de abandonar la capital, esta vez para siempre, Carranza había dicho: "La única salvación nuestra es que no tardarán en pelearse Obregón y Pablo González por el poder, entonces nosotros decidiremos la controversia." Desgraciadamente para él, este vaticinio no se cumplió, ya que poco después encontraría la muerte.

En el norte, las fuerzas rebeldes avanzaban incontenibles. En Chihuahua, el general Ignacio Enríquez, gobernador del Estado, comunicaba en los primeros días del mes de mayo de 1920 a De la Huerta que todo el Estado se había levantado en favor de Obregón, y que él, desde luego, se adhería al Plan de Agua Prieta, junto con los generales Eugenio Martínez, Joaquín Amaro, Alfredo Rueda Quijano, Abundio Gómez y José Amarillas.

Otro general, Angel Flores, avanzaba sobre el puerto de Mazatlán; el general Arnulfo R. Gómez (que pocos años después sería fusilado por órdenes de Obregón al sublevarse en 1927) desconoció a Carranza en Tamaulipas; Celestino Gasca hizo lo propio en Puebla, y hasta Jacinto B. Treviño y Pablo González, que tanto le debían a Carranza, lo desconocieron y salieron rumbo a Texcoco.

De la Huerta, en su carácter de Presidente Provisional, nombró a Calles Secretario de Guerra; al general Salvador Alvarado lo designó Secretario de

Hacienda, y también nombró gobernadores de varias entidades federativas a algunos partidarios suyos, como Paulino Guerrero en San Luis Potosí; Luis Sánchez Pontón, en Puebla; Jesús Acevedo, en Oaxaca; Emilio Portes Gil, en Tamaulipas. Como consecuencia del ya inminente derrumbe del gobierno carrancista, comenzaron a abandonar el país muchos funcionarios y gobernadores del agonizante régimen, como el licenciado Gustavo Espinoza Mireles, de Coahuila; Severiano Martínez, de San Luis Potosí; el general De los Santos, de Nuevo León.

En la ciudad de México, Carranza seguía imperturbable haciendo sus preparativos, incluso todavía quiso asistir a un último acto oficial, la fiesta del 5 de mayo. Pero ya no era posible continuar en la amenazada ciudad, por lo cual determinó que el 7 de mayo saldría de la capital. Había que llevarse a los empleados del gobierno, los archivos, el dinero que existía en la Tesorería, y enfrentar, además, el eterno grupo de civiles y familiares que no querían dejar a sus seres queridos en los momentos de peligro.

El día señalado, los enormes convoyes comenzaron a moverse lentamente de las estaciones de Buenavista y Colonia. La salida se hizo dentro de la mayor confusión, solamente algunas unidades conservaban orden y disciplina. Entre ellas se distinguía el Colegio Militar. Los altos y las paradas se sucedían desesperadamente; la marcha era terriblemente lenta. Durante el trayecto los convoyes fueron balaceados por grupos rebeldes. En Apizaco, Tlaxcala, el Presidente Carranza pasó revista a sus escasas fuerzas, algunas tropas al mando de los generales Francisco Murguía, Lucio Blanco, Pilar R. Sánchez, Agustín Millán Millán, Federico Montes, Francisco de P. Mariel, Heliodoro Pérez y algunos otros.

Durante el trayecto se habían multiplicado las deserciones, pues algunas unidades completas se habían pasado al lado de los rebeldes; algunos jefes que apenas unos días antes habían manifestado su lealtad al Presidente, ahora no dudaban un momento en pasarse al carro del vencedor, olvidando sus deberes y su palabra empeñada. Fue en esos momentos, cuando el Colegio Militar, como ya hemos señalado, con sus bizarros y jóvenes cadetes, dieron una muestra de lo que era el cumplimiento del deber; los cadetes combatieron en varios lugares antes de llegar a Aljibes, donde escribirían una brillante página de su historia.

Carranza no perdía la esperanza de llegar a Veracruz, pero para ello se necesitaba el apoyo del jefe de operaciones del Estado, general Guadalupe Sánchez; sin embargo, éste también se adhirió al Plan de Agua Prieta, y con ello se esfumaban las últimas esperanzas del Presidente. Por otra parte, los trenes carecían de agua, fuerte impedimento para seguir el camino. El 13 de mayo de 1920 llegó un emisario de Treviño para proponerle a Carranza que abandonara el país, dándole garantías para ello. El Presidente se negó. El general Francisco L. Urquizo, testigo presencial de los hechos, describe el incidente de la siguiente manera: "...le ofrecía amplias garantías para su persona. No obtuvo contestación el recado. Una sonrisa amarga se dibujó en la faz del Presidente. ¡Que escapara! Poco conocía el general Treviño a quien tanto tiempo fue su jefe inmediato... No, el hombre que se enfrentó y venció a Victoriano Huerta, el que se impuso a Villa y lo batió, el que se irguió magnífico ante las arrogancias de los norteamericanos, el hombre que sacrificó a su propio hermano antes que claudicar, el que educó una casta de hombres ilustres, el que redimió a un pueblo no podía huir en aquella forma. No era un cobarde, nunca lo fue".

En Aljibes, una pequeña estación de bandera, decidieron abandonar el convoy. El desorden era mayúsculo, pero sobre todo el enemigo era abrumador. El general Urquizo en su obra citada afirma que: "nos dimos cuenta perfecta, desde el Presidente de la República hasta el último soldado de que estábamos perdidos, obstruido el paso hacia Veracruz, ya sin amigos y batidos encarnizadamente por fuerzas superiores en número y en moral..." Efectivamente, el día 13 de mayo la situación hizo crisis. Otro testigo presencial, el general Adolfo León Osorio, describe así el ataque: "Saltaban los cristales de los vagones, hechos astillas por las balas de los sublevados. Los civiles corrían, se desperdigaban buscando un sitio donde protegerse de los proyectiles. A una mujer que llevaba en el seno un paliacate lleno de alhajas, la zarandeaban los soldados vencedores, le hacían pedazos los vestidos y era conducida en vilo de un lado a otro por lujuriosas manos. Ríos Zertuche sacó la espada y a golpes la salvó y condujo a uno de los carros... El general Lucio Blanco, por abundantes conceptos que le han sido reconocidos, uno de los revolucionarios de mayor calidad humana, montaba a caballo en lo más angustioso de Aljibes, comprendiendo que ya no estaba en ninguna mano el enmendar aquella situación y a sabiendas de que si caía prisionero irreparablemente, sería fusilado, porque Obregón se la guardaba desde tiempo atrás; cambió unas palabras con Osorio, a quien estimaba profundamente, «¡hay que salvar al Presidente!», le dijo."

Esa era la situación caótica que se vivía en aquellas trágicas horas del día 13; el 14, después de una apresurada junta, se decidió marchar a la Sierra de Puebla, donde se suponía existían fuerzas leales, y de ahí proseguir hacia el norte. Sin embargo, era una marcha dudosa, pues el camino era muy largo e incierto. Muy probablemente en el ánimo de Carranza estaba la certeza de su próximo fin.

Nuevamente recurrimos al testimonio del general Urquizo, testigo presencial y excelente escritor, quien en su libro *El asesinato de Carranza*, transcribe un diálogo sostenido con el Presidente: "Señor estamos perdidos, esto ya no tiene remedio —dijo Urquizo—, hay que escapar; desde luego, dentro de unos momentos tenemos ya al enemigo aquí mismo. Salga usted". "No —me contestó, sin la más leve emoción, con la lentitud que siempre ponía en sus palabras—, el general Murguía va a organizar las tropas para rechazarlos. No salgo yo de aquí". "Señor —imploré— salga usted antes de que sea tarde. Ni el general Murguía ni nadie podrá ya organizar las tropas. El pánico se ha apoderado de todos, es completamente imposible". "No salgo de aquí". Sin embargo, Carranza ordenó que los civiles se dispersaran y trataran de buscar refugio, pues ellos poco podían hacer en aquella angustiosa situación.

Solamente quedaba leal el Colegio Militar. Por considerarlo de gran interés nos referiremos a la carga de caballería que dieron los cadetes del Escuadrón al mando de su jefe, el coronel Rodolfo Casillas, y que hoy forma parte del historial de honor del Colegio

Militar de México. En un artículo publicado en 1952, escrito por el general Casillas y titulado *El Colegio Militar y Tlaxcalantongo*, describe la marcha de los cadetes y sus acciones; sólo citaremos la descripción de una de las cargas que los alumnos de la Escuela de Caballería dieron contra los sublevados: "Apizaco parecía un hormiguero con tantos militares, civiles y soldados que los trenes habían volcado sobre el pueblo, todo estaba repleto, las fondas, las calles y particularmente los comercios y el mercado. La abigarrada y ruidosa multitud no parecía presagiar la próxima catástrofe, la trágica cercana desbandada; pocos presumían la amenaza de la dura y cruel certidumbre que ya se cernía sobre nuestras cabezas y que había de llegar fatalmente días más tarde en Aljibes, a lo catastrófico. En efecto, el yantar, el acopio de provisiones y la algarabía de las tropas y de los civiles del gobierno de Carranza en Apizaco, se vieron interrumpidos al correr la orden de embarcarse desde luego, pues los trenes saldrían de un momento a otro en vista de que se acercaban a la población los hombres de la «cargada», que querían hacer méritos ante su caudillo atacando el convoy presidencial. Poco a poco los trenes se movieron hacia San Marcos. En esa ocasión ya la Escuela de Caballería y algunos contingentes montados del general Margarito Puente, recibieron órdenes precisas de cubrir la retaguardia de los trenes. Por lo pronto y mientras éstos emprendían su marcha, dejamos la explanada abrumadora donde se encuentra la estación de ferrocarril, congestionada de innumerables trenes y por fin abandonamos el poblado saturado de gente que molestaba y estorbaba. Deseosos de respirar aire puro y fresco, de encontrarnos en un ambiente despejado y limpio, de hallarnos en el campo abierto, libre, cuyos límites extensos se perdían en la lejanía y también por cumplir con la misión que se nos había señalado, salimos del lugar al trote, dirigiéndonos a ocupar un lomerío un poco distante de los trenes, pero que precisamente por esto y por su situación bastante favorable, se prestaba para proteger los convoyes. El terreno no era propiamente despejado, lo formaban lomas muy extensas llenas de hierbas y sembradas de centenares de magueyes, cuyas filas alineadas se perdían a lo lejos, allá a muchos kilómetros en el horizonte bello y azul. Apenas habíamos remontado la parte más elevada del lomerío cuando a relativa poca distancia avistamos a las fuerzas obregonistas compuestas de infantería y caballería que avanzaban resueltamente sobre Apizaco.

"El acercamiento del enemigo ya no permitía tomar posesión del terreno para proceder a la organización de éste y defenderlo por medio del combate a pie como aconseja la táctica cuando se cuenta con el factor tiempo; tampoco procedía el combate a caballo haciendo fuego con la carabina porque el tiro efectivo así no significaba sino un consumo inútil, infructuoso, de municiones. Por lo anterior y considerando sobre todo que muchas veces la mejor defensiva consiste en el ataque, la idea que se forjó en la mente del mando se plasmó instintiva, simple, rápida, decidida a organizar tan pronto como lo pedían las circunstancias, la carga al sable en varias líneas de forrajeadores sobre el enemigo que hasta entonces seguía avanzando resueltamente y de quien ya empezábamos a recibir sus proyectiles."

"¡La carga al sable sobre el enemigo!

"El ideal, la ilusión, el anhelo con que se sueña o cuando menos soñaba antes el verdadero dragón.

"La épica carga de caballería, la galopada heroica, impetuosa, relampagueante, en la que el vértigo de la velocidad y la locura del espíritu lleno de arrojo hace hendir el viento y la distancia, hace blandir en la mano febril y nerviosa el desnudo sable, arma de los hombres; meteórico avance en el que se tiene que llevar el corazón bien puesto, vibrante de ardor y de bravura, templado por la fuerza moral del cumplimiento del deber, animado por la fe de las buenas causas, como era en este caso, la imperiosa lealtad sin vacilaciones ni evasivas de los alumnos del Heroico Colegio Militar hacia el gobierno de la ley y del derecho representado por Carranza.

"La carga de caballería. He ahí el cuadro glorioso, he ahí la gesta sublime, ambicionada, he ahí el imán poderoso que tenían enfrente los bizarros cadetes de caballería del Colegio Militar que desbordaban de coraje y de entusiasmo cuando para comenzar a cristalizar lo que había decidido el mando, escucharon la firme, la enérgica y vibrante voz de: ¡Mano al sable!, dada por sus no menos bravos comandantes de sección, de aquellos inolvidables escuadrones de valientes muchachos y después, a la voz de ¡carguen!, como incontenible avalancha, como huracán arrollador, como maldición endemoniada para las huestes obregonistas mandadas por los generales Máximo Rojas y Reyes Márquez, sobre ellas se lanzaron los jóvenes centauros, aquella memorable tarde del mes de mayo de 1920.

"El resultado tenía que ser el que lógica e irremediablemente se imponía; el desenlace no podía ser otro que el previsto, inconcusa, incontrovertiblemente; el coronamiento de esa carga, por la fuerza moral y material de como se habían hecho las cosas, tuvo que ser la media vuelta forzosa, obligada, la precipitada huida irremisible del enemigo dominado por el miedo y la sorpresa.

"Sin embargo, de la fuga en cuestión, habíamos avanzado tan velozmente, que llegamos a alcanzar y rebasar a algunos soldados enemigos, por lo que parte de nuestros forrajeadores se embebieron entre ellos produciendo lo que fue una verdadera confusión. Pero reaccionando los nuestros, ya sin vacilaciones los cadetes sablearon furiosamente a los hombres de Reyes Márquez. Minutos después llegaron también algunos elementos amigos montados, mandados por el general Pilar R. Sánchez a quien le tocó todavía abatir con su 45 a algunos de los alzados.

"No se continuó la persecución del enemigo por no alejarnos mucho de los trenes y porque ya empezaba a caer la tarde. Una vez reorganizada la escuela sobre el propio terreno, regresamos a la vía continuando sobre el terraplén en dirección de San Marcos, meta señalada para ese día."

Hasta aquí la narración del general Casillas, comandante de la Escuela de Caballería en aquellos años. Veamos el fin de la acción de los cadetes, a través de la pluma del multicitado general Urquizo, quien en su libro *México-Tlaxcalantongo* dice:

"Cerca de Santa María nos salió al encuentro el escuadrón de caballería del Colegio Militar, el coronel Casillas, respetuosamente me pidió órdenes. «Con su escuadrón sirva usted de escolta al Presidente de la República», le dije, y se incorporó el brillante conjunto de aguerridos y leales muchachos a la retaguardia de nuestra menguada columna de fugitivos... en correcta formación, cubría la retaguardia el escuadrón de la Escuela de Caballería del Colegio Militar, única fuerza organizada que nos quedaba... marchaban todos, después de la reciente derrota, de la deblacle atroz, con la misma indiferencia, con el mismo ánimo, con la misma entereza que les daba su fogosa juventud, como si de las aulas del Colegio Militar salieran al campo de instrucción. En igual forma y con igual ánimo habían salido de México y al mando de su digno comandante, habían cargado sable en mano sobre el enemigo en Apizaco, como si en vez de enconada y sangrienta lucha se tratara sólo de preparado simulacro... Del mismo modo, con la sonrisa en los labios de incipiente bigote, se habían batido en Rinconada, en la retaguardia de los convoyes, resistiendo el empuje violento de recio núcleo de caballería contraria y habían esperado a pie firme, sin disparar, con toda tranquilidad, con entrega inaudita, hasta que el enemigo estaba materialmente encima de ellos y entonces lo habían destrozado por completo, barriendo sus filas y dispersando a los sobrevivientes. De igual manera se batirían ahora mismo. ¡Gloriosos y leales cadetes, dignos sucesores de aquellos héroes del 47!".

El 18, Venustiano Carranza no quiso seguir sacrificando a aquella juventud noble y esforzada y ordenó que regresaran a México. Continuemos con la narración de Urquizo: "Según lo acordado con el Presidente, en la primera bifurcación que tuviera el camino que seguíamos, debería abandonarlos el Escuadrón del Colegio Militar. Así lo hice saber a su comandante, coronel Casillas, explicándole los motivos que tenía el señor Carranza para tomar aquella determinación; motivos que más que dar ligereza a la exigua columna, tenía su origen muy hondo en la parte moral del asunto, estábamos perdidos, en cualquier momento podríamos ser alcanzados por el enemigo y ser batidos o capturados. ¿Qué falta hacía ya que aquel escuadrón de valientes se sacrificara? ¿Qué se ganaba con ello y sobre todo, con qué derecho se exigía el mayúsculo sacrificio a aquellos cadetes que, dado el crítico momento, seguramente combatirían y morirían en la desigual lucha? ¿Por qué se les iba a obligar a ellos a hacer lo que no hicieron los demás miembros del ejército de altas jerarquías, más obligados moralmente a cumplir con su deber, ya que además de su obligación como soldados tenían la más grande aún, la de amigos? Casillas no admitía por ningún motivo la orden que yo le transmitía. Se ofendía su honor de soldado digno al considerar que se le mandaba retirarse en el momento en que quizá eran más útiles sus servicios y los de la fuerza que mandaba. Su deber estaba ahí, al lado del Presidente de la legalidad, su obligación estaba justamente en ser útil y en llegar hasta el sacrificio en grado máximo; ocasiones como aquellas raras veces se presentan para sucumbir en el cumplimiento del más alto deber del soldado: la lealtad... En el mostrador de la única tienducha del lugar, redacté la orden que por escrito se daba al Escuadrón del Colegio Militar para abandonarnos, puse en su redacción, dentro de la reglamentaria fraseología ritual, toda la sincera emoción que me embargaba. Casillas recibió el oficio verdaderamente conmovido, lo ahogaba la emoción, los cadetes esperaban; sus caras juveniles reflejaban la amargura de dejarnos.

Allá en el fondo de sus corazones juveniles sentían la emoción intensa de abandonar el camino que les trazamos en su Colegio. En sus pechos leales estaban orgullosos de proteger a los débiles y en aquel caso, los débiles éramos nosotros y con nosotros estaban justamente sus deberes de soldados. Los embargaba hondamente el anhelo de sacrificio y las tenues sombras de sus gloriosos antecesores muertos en Chapultepec iluminaban su fantasía. . . ."

El Escuadrón del Colegio Militar dio media vuelta y se dirigió a la capital, cubierto de legítima gloria, mientras que el Presidente Carranza, que encarnaba la legalidad, se internaba en las frías y nebulosas sierras de Puebla. Ambos cumplían con su deber. La historia les daría su veredicto final.

Aquel pequeño grupo que representaba la dignidad ultrajada, se internó en aquellas neblinosas montañas, cruzando pequeños poblados de nombres indígenas, formados por pequeños grupos de casuchas amontonadas desordenadamente; algunas personas, ignorantes de la situación, salían a ver a aquellos jinetes, que, fatigados, continuaban su penoso viaje. Pasaron por San Francisco Ixtamamtitlan, Tecahuitl, Zitlacuatla, Tetela de Ocampo, nombres que ni siquiera existen en las cartas geográficas; míseros pueblos habitados por gente todavía más miserable. En el pueblo de Patla se les acercaron "la gente de Herrero", es decir, partidarios del general Rodolfo Herrero, quien se presentó ante Carranza, haciéndole promesas de fidelidad y de adhesión a su persona y a su régimen. Prosiguieron la marcha; a las cinco de la tarde llegaron a un pueblo todavía más miserable que los anteriores: San Antonio Tlaxcalantongo, más que pueblo, un pequeño hacinamiento de chozas de adobe.

Carranza y sus acompañantes llegaron cansados, derrotados física y moralmente, sin saber si las fuerzas que los rodeaban, o las que los esperaban, eran leales o ya eran "aguaprietistas". El Presidente ordenó pasar ahí la noche. La comitiva se distribuyó en las pobres chozas de la localidad; los alimentos eran malos y escasos. La choza que escogió Carranza era de cinco por cuatro metros, el piso era de tierra, no había luz eléctrica, tan sólo la puerta y una pequeña ventana que daba una poca de claridad en la sombría noche. Con él se quedaron el licenciado Aguirre Berlanga, secretario de Gobernación; Mario Méndez, Pedro Gil Farías, su secretario particular y sus ayudantes, los capitanes Octavio Amador e Ignacio Suárez, además de su asistente, Secundino Reyes.

Una vez más recurrimos al general Urquizo en la narración de las últimas horas de Carranza. De su obra *El asesinato de Carranza* extraemos el siguiente diálogo: "Creo que no estamos bien", dijo Urquizo. "¿Por qué, general?". "Porque no hay absolutamente nada de forraje para los caballos; el que no tengamos alimentos nosotros es lo de menos, pero la caballada se encuentra ya cansada y hambrienta". "Es cierto, estamos mal aquí y bien podríamos caminar unas cuatro o cinco leguas más; todavía es temprano, pero tenemos que esperar noticias de Mariel para saber cómo está el camino por delante".

De otro testigo presencial de esas dramáticas horas, el teniente coronel Suárez, tenemos las siguientes líneas: "En los contornos de Tlaxcalantongo, ¿qué ocurría? Ya sabemos que el norte de la sierra de Puebla, ocupada por las fuerzas del teniente coronel Gabriel Barrios, sumado ya al aguaprietismo, no hostilizó la columna al paso por esa región, pero tampoco quiso impartir ayuda alguna; se concretó a avisar indirectamente que fuerza de caballería al mando del general Guajardo estaba en Tetela en persecusión de la columna leal. Esto cubría el sureste. Al sur de Villa Juárez en Huauchinango, ya se encontraban fuerzas infidentes a las órdenes del general Jesús Novoa. Por el noreste era bien sabido que el general Arnulfo R. Gómez, jefe de operaciones en el norte de Veracruz, se había sumado a la rebelión, y con él los jefes de las corporaciones a su mando; una de éstas se encontraba al sur de Papantla, hasta un punto llamado Espinal, con el propósito de atacar a la columna leal..."

Ahora veamos cómo transcurrieron las últimas horas de Carranza, narradas por su ayudante, el teniente coronel Ignacio Suárez: "Muy poco antes de las cuatro de la madrugada, sin haberse escuchado ningún ruido que anunciara la presencia de gentes cerca del jacal, en la parte posterior, sonaron descargas cerradas de armas largas y los estentóreos gritos de ¡Viva Obregón! ¡Viva Peláez! ¡Muera Carranza!, e insultos de la peor especie. Puestos de pie inmediatamente los capitanes Suárez y Amador, salieron del alojamiento y no observaron que alguien se acercara a la puerta o cualesquier rumor por ese lado. Los atacantes, inmediatamente después de la descarga de sus armas se retiraron, pues volvió el silencio. Momentos después se escucharon nutridos disparos pero ya lejos del jacal. Suárez regresó al interior con el propósito de ayudar a salir al señor Presidente, pues si el ataque se repetía allí, dadas las endebles paredes, no podría hacerse defensa desde el interior. El licenciado Aguirre Berlanga, que descansaba como a un metro y mediodio del lecho del señor Carranza ha dicho que inmediatamente después de la descarga el señor Presidente se quejó, pues había sido herido y que expresó: «licenciado, veo verde». Cuando Suárez llegó al lado del señor Presidente, sin poder apresurarse debido a la oscuridad reinante y guiándose por la mesa colocada al centro, se acercó y le dijo: «Señor, señor». E iba a expresarle su propósito de ayudarle a salir, cuando escuchó el estertor que indicaba su estado agónico... Suárez consideró que había fallecido el señor Presidente y suavemente lo acostó, poniéndose en seguida de pie, y fijando su vista en el reloj pulsera de esfera luminosa que portaba, anunció: «El señor Presidente acaba de fallecer. Tómen nota, son las 4 y 20...»."

Así terminó la vida de Venustiano Carranza, víctima de las luchas políticas que tanto daño habían causado a México. El resto de sus acompañantes fueron capturados; algunos lograron huir por diferentes puntos de la sierra. Mucho se ha escrito sobre este crimen político. Rodolfo Herrero, quien fue el autor material del crimen, ya que sus fuerzas lo ejecutaron, nunca aclaró su situación a pesar de haber sobrevivido muchos largos años a este terrible suceso. Después del asesinato, Herrero y sus seguidores circularon la versión de que Carranza se había suicidado.

El cadáver de Carranza fue trasladado a la ciudad de México por un grupo de sus seguidores; entre ellos estaba el ingeniero Ignacio L. Bonillas, que había sido el causante indirecto de la tragedia y que después abandonó la política para siempre, retirándose a vivir a los Estados Unidos. También estaban el general Francisco Murguía, el general Urquizo, el general Juan Barragán, el licenciado Aguirre Berlanga y otros. Carranza fue inhumado en el Panteón de Dolores. Un día antes el Congreso de la Unión había nombrado al señor Adolfo de la Huerta —uno de los jefes del movimiento de Agua Prieta—, presidente sustituto de la República.

Los acompañantes de Carranza, ya en la capital, fueron procesados, mientras que Herrero permanecía en libertad. Hasta fines del año de 1920 fue sujetado a proceso ante un Consejo de Guerra por los delitos de violencia contra las personas en general y homicidio, siendo el Juzgado 2o. de Instrucción Militar de la Plaza, el encargado de llevar a cabo el correspondiente proceso. Sin embargo, el juez decretó su libertad condicional. Pero el 1o. de enero de 1921, por acuerdo presidencial, el general Enrique Estrada ordenó la baja del ejército del general Rodolfo Herrero, por considerarse indigno de pertenecer a la institución. Algunos años después volvió Herrero al servicio activo, durante los movimientos rebeldes delahuertistas y sobre todo durante la rebelión de Escobar en 1929. En 1938, el entonces Presidente de la República, general Lázaro Cárdenas, ordenó la baja del ejército de Herrero, esta vez en forma definitiva. Finalmente Herrero se quedó a vivir en la ciudad de Monterrey, donde vivió muchos años más, quedándose para siempre con importantes secretos sobre esa tragedia nacional.

Con la elección de Adolfo de la Huerta se iniciaba para México el largo gobierno de los sonorenses. En efecto, ellos fueron Adolfo de la Huerta, el general Alvaro Obregón y el general Plutarco Elías Calles, gobernaron el país hasta el año de 1928, año en que, sin embargo, todavía el general Calles ejercía influencia política decisiva, hasta que el general Cárdenas, ya siendo Presidente, decidió expulsarlo del país.

Adolfo de la Huerta integró su gabinete con las siguientes personas: Gobernación, licenciado Gilberto Valenzuela; Guerra, general Plutarco Elías Calles; Hacienda, general Salvador Alvarado; Industria y Comercio, general Jacinto B. Treviño; Comunicaciones y Obras Públicas, ingeniero y general Pascual Ortiz Rubio; Relaciones Exteriores, Miguel Covarrubias; Agricultura y Fomento, general Antonio I. Villarreal. La Rectoría de la Universidad Nacional fue ocupada por el ilustre escritor José Vasconcelos.

La gestión de De la Huerta duró hasta el 30 de noviembre de 1920. Su gobierno fue en general bueno, ya que él era un hombre honrado, sencillo y austero, y comprendía que la situación de México, después de una larga lucha civil, requería de la colaboración de todos para sacar adelante al país. Uno de los mayores aciertos de su gestión gubernamental fue el apaciguamiento de Villa, quien, como ya hemos visto, constituía una amenaza latente en el norte del país. Los primeros intentos se hicieron por medio del general Ignacio C. Enríquez, gobernador de Chihuahua, pero no tuvieron éxito.

Todavía Villa, antes de rendirse, atacó algunas poblaciones de Chihuahua, entre ellas la capital. El antiguo guerrillero tenía la profunda enemistad de Obregón y Calles, y éstos no deseaban ningún pacto con él. Sin embargo, Villa logró sostener una conferencia telegráfica con De la Huerta, quien aceptó las condiciones de Villa consistentes en tener una hacienda y una escolta de sus antiguos "dorados". Obregón, que andaba realizando su campaña política, se opuso a estos arreglos y envió un telegrama a los gobernadores y jefes de operaciones militares, en los siguientes términos:

El general Villa asaltó la plaza norteamericana de Columbus, donde cometió desmanes y actos de violencia. Natural es que la Cancillería norteamericana al verlo amparado por el gobierno de México nos pida la extradición del impulsivo guerrero durangueño. ¿Y qué vamos a hacer nosotros?

Sin embargo, a pesar de las objeciones del general Obregón, continuaron las negociaciones. Se comisionó al general Eugenio Martínez, jefe de las operaciones de La Laguna, quien finalmente se entrevistó con Villa en Sabinas. Ahí, después de discusiones y transacciones, se firmó un pacto el 28 de julio de 1920, por el cual se establecía que Villa se retiraría a la Hacienda de Canutillo, Durango, donde podría tener una escolta de 500 hombres, escogidos por él y pagados por la Secretaría de Guerra y Marina. Villa se retiró a dicha hacienda, donde solamente vivió tres años, pues en 1923 fue asesinado.

Otra rendición famosa fue la del general Félix Díaz, quien desde 1913 se encontraba levantado en armas; como recordaremos fue uno de los principales enemigos del gobierno de Madero y actor prominente de los sucesos de la "Decena Trágica". De la Huerta ordenó que a Félix Díaz, que se había entregado voluntariamente al nuevo gobierno y que había manifestado que su vida de revolucionario había terminado, se le permitiera salir del país, ofreciéndole 10,000 dólares, mismos que rechazó el ex general Díaz cuando partió al destierro.

Otro personaje famoso, aunque en menor grado, fue el general Jesús Guajardo, quien había preparado la emboscada que causó la muerte de Emiliano Zapata. Guajardo se sublevó en 1920 contra De la Huerta, pero su movimiento no tuvo éxito y fracasó rotundamente. Fue capturado en Monterrey, sometido a juicio y fusilado el 17 de julio de ese año.

También el general Pablo González, que había figurado prominentemente en la Revolución, aunque con menos suerte por haber sido protegido de Carranza —aunque también lo abandonó en los últimos momentos—, intentó rebelarse contra el nuevo gobierno. Sin embargo, fue capturado en la ciudad de Monterrey, sujeto a juicio y condenado a muerte, pero gracias a los buenos oficios del licenciado Miguel Alessio Robles, se logró que De la Huerta le perdonara la vida. En efecto, poco después fue enviado un telegrama al general Manuel Pérez Treviño, jefe de las operaciones militares de Nuevo León, ordenando la inmediata libertad del reo.

Por otra parte, algunos generales zapatistas, viendo la magnanimidad del nuevo Jefe de Estado, hicieron gestiones ante el gobierno para rendirse y mantenerse en paz, entre ellos figuraba el general Genovevo de la O. Lo mismo ocurrió con el general Alberto Pineda, quien mantenía una actitud rebelde en el lejano estado de Chiapas; mediante gestiones, finalmente depuso su actitud, quedando en paz aquella zona de la República.

Pero no sólo en el lejano sur se buscaba la paz, también en la península de Baja California, donde desde hacía algunos años gobernaba desde una posición semiindependiente el coronel Esteban Cantú.

Ahí el gobierno de De la Huerta desplegó una gran actividad y finalmente lograron una entrega pacífica del gobierno; el coronel Cantú se fue a Los Angeles, y se hizo cargo del territorio norte de la Baja California el general Abelardo Rodríguez.

Como algunos gobiernos de la federación no se habían unido al Plan de Agua Prieta, el Senado designó gobernadores provisionales en los estados de Campeche, Guanajuato, Jalisco, México, Puebla, Querétaro, Tamaulipas y Yucatán. Entre otras medidas importantes de la gestión de De la Huerta está el apaciguamiento de la belicosa tribu yaqui, habitante del sur del estado de Sonora.

En septiembre, De la Huerta rindió su Informe ante el Congreso; en él expresó que "no han sido realizados todos sus propósitos ya por la cortedad del tiempo que tiene el actual Encargado del Ejecutivo (tan sólo tres meses) en el desempeño de sus funciones, ya por otros fundamentales motivos de vuestra soberanía, aunque sí está en condiciones de afirmar que ha venido logrando el encauzamiento de algunos de esos problemas". Más adelante afirmó que: "Derrocado Carranza por la fuerza incontrastable de la opinión pública manifestada en toda la extensión del país con la adhesión de todos los Estados al mencionado Plan, se expidió por el jefe supremo de este movimiento libertario la convocatoria al Congreso General para que eligiese Presidente Sustituto de los Estados Unidos Mexicanos..."

A fines de ese año de 1920, hubo elecciones presidenciales, resultando electo, como era absolutamente lógico suponer, el general Alvaro Obregón. El 1o. de diciembre del citado año, el caudillo sonorense rindió la protesta de ley. El país esperaba una nueva etapa de paz y prosperidad, que desgraciadamente todavía estaba muy lejos de obtener.

El gabinete obregonista quedó integrado de la siguiente manera: Relaciones Exteriores, doctor Cutberto Hidalgo; Gobernación, general Plutarco Elías Calles; Hacienda, el ex presidente Adolfo de la Huerta; Guerra y Marina, el general Benjamín Hill; Agricultura y Fomento, el general Antonio I. Villarreal; Industria, Comercio y Trabajo, el licenciado Rafael Zubarán Campmany; Obras Públicas, el general e ingeniero Pascual Ortiz Rubio.

Con Obregón se inicia una nueva etapa en la vida de México, la de "los gobiernos revolucionarios". Todavía en la década de los veinte, México sufrió varios movimientos revolucionarios, aunque no llegaron a tener ni la magnitud ni la importancia de los que hemos descrito anteriormente. A partir de 1930, el país se inició en la etapa de la estabilidad, que a excepción del pequeño movimiento cedillista de 1938, no ha tenido ninguna interrupción grave.

La Revolución Mexicana fue, en suma, un gran movimiento social; como todo suceso de esta índole, produjo muchos sufrimientos, derramamiento de mucha sangre, pero, sin duda, de la Revolución surgió un país nuevo que hoy pugna por marchar hacia su destino por el camino de la paz y de la prosperidad.

BIBLIOGRAFIA

RICCIUS FRANCESCO. *La Revolución Mexicana*. Ed. Bruguera. 1976.

SILVA HERZOG, JESUS. *Breve Historia de la Revolución Mexicana*. 2 Volúmenes. Fondo de Cultura Económica. 1960.

MARQUEZ STERLING, MANUEL. *Los Días Finales del Presidente Madero*. Ed. Porrúa, S.A. 1958.

REYES, RODOLFO. *De mi Vida. Memorias Políticas*. Volúmenes I y II. Librería Madrid. 1929.

CASASOLA, ARCHIVOS. *Historia Gráfica de la Revolución*. Segunda Ed. Crónica Ilustrada de la Revolución Mexicana. Ed. Publex. 1966.

SANCHEZ LAMEGO, M.A. General. *Historia Militar de la Revolución Constitucionalista*.

COTA GUILLERMO. CAPT. *Historia Militar de México*. Ensayo, México 1947.

ALESSIO ROBLES, MIGUEL. *Historia Política de la Revolución* Mexicana. Ed. Botas, México 1946.

TABLADA, JOSE JUAN. *Historia de la Campaña de la División del Norte*. Ed. 1913.

DULLES W.F., JOHN. *Ayer en México*. F.C.E. 1977.

GUZMAN ESPARZA, ROBERTO. *Memorias de Adolfo de la Huerta*. México 1957.

MARQUEZ B., MIGUEL. *El Real Tlaxcalantongo*. México 1941.

URQUIZO, FRANCISCO. Gral. *Historia del Ejército y la Revolución Constitucionalista*. México.

TARACENA, ALFONSO. *Venustiano Carranza*. Ed. Jus.

CAMPOS, ARMANDO DE MARIA. *Vida del General Lucio Blanco*. Instituto de Estudios sobre la Revolución Mexicana.

LICEAGA, LUIS. *General Félix Díaz*. Ed. Jus. 1958.

CAMPOS, ARMANDO DE MARIA. *Múgica: Biografía*. México.

TUCHMAN, BARBARA. *El Telegrama Zimmermann*. Ed. Grijalbo. 1960.

Impreso en:
Impresora, Arte y Cultura, S.A. de C.V.
Ignacio M. Altamirano No. 200
Col. Hank González
09700 - México, D.F., Enero 2001